布 衣◎著

传奇
王雪红

中国言实出版社

图书在版编目（CIP）数据

传奇王雪红 / 布衣编著. — 北京 ：中国言实出版社,2013.8

ISBN 978-7-5171-0180-2

Ⅰ．①传… Ⅱ．①布… Ⅲ　①王雪红－生平事迹
Ⅳ．①K825.38

中国版本图书馆CIP数据核字(2013)第178735号

责任编辑：李　生　李　婧

出版发行　中国言实出版社
　　　　　地　址：北京市朝阳区北苑路180号加利大厦5号楼105室
　　　　　邮　编：100101
　　　　　电　话：64966714（发行部）　51147960（邮　购）
　　　　　　　　　64924853（总编室）　64963106（二编部）
　　　　　网　址：www.zgyscos.csn
　　　　　E-mail：zgyscbs@263.net
经　　销　新华书店
印　　刷　北京毅峰迅捷印刷有限公司
版　　次　2013年10月第1版　2013年10月第1次印刷
规　　格　710毫米×1000毫米　1/16　18.5印张
字　　数　200千字
定　　价　36.00元　　ISBN 978-7-5171-0180-2

前　言

说起王雪红，也许很多人不熟悉，但是说到她父亲的大名王永庆，必是人尽皆知。王永庆15岁辍学做学徒工，16岁办米店，靠用心和勤奋站稳脚跟，并在1954年筹资创办了台塑公司，生产塑胶原料PVC。以此为起点，经过几十年的努力奋斗，王永庆构建了一个庞大的企业王国——台塑集团。

如今，台塑集团是台湾最大的工业集团，居世界化学工业50强之列，是台湾进入世界500强的企业之一，共有30多家子公司和事业部，经营领域跨越塑胶、化纤、纺织、电子材料、货运、机械、发电、港口、海陆、建筑、汽车、医疗、教育、生化及环保科技等行业。

王永庆被誉为"塑胶大王"、"经营之神"，和李嘉诚一样，他的名字也已经成为世人眼中成功者的代名词。

王永庆，是个白手起家缔造商界传奇的名人。他的儿女则是典型的站在金子做的垫脚石上的"富二代"。英雄莫问出处，王永庆最小的女儿王雪红，却没有站在父亲的肩头摘取现成的苹果，而是靠自己的努力构建起自己的事业王国，书写了另外一段传奇。

白手起家创天下难，而站在富豪爸爸的光环下打拼也不容易，因为无论你如何努力，做出了多大的成绩，别人都会误认为那是因为你有一个有钱的老爸。

父亲的光芒太盛，对于怀揣梦想辛苦打拼的儿女是一种难言的负担。这一点无论在哪个行业都是一样，比如演艺界，"星二代"难以避开父辈的庇荫。但这是不容易的，正如股神巴菲特的次子彼得·巴菲特在为"富二代"写的人生指南书《人生由你打造》中写的那样："通常认为，亿万富翁的子女嘴里含着金汤匙出生，但实际上有可能成为'银匕首'插在后背上"。就是说，"富二代"再有能力，也难以摆脱"在父亲的光环下过好日子"的世俗偏见。

的确，衔着金汤匙出生的"富二代"是比普通人的平台更高一些，但他们要干出一番成绩，靠的一定不仅仅是平台背后老爸的支持。而他们似乎自始至终也都在向世人证明着，即便没有一个富豪爸爸，自己也能创出一片辉煌天下。

1958年出生的王雪红，是王永庆最小的女儿。在激烈竞争的科技界，王雪红却像一支鲜艳的玫瑰傲视群雄，创造出自己的事业王国，成功打造两只台湾上市股王——威盛电子与宏达电子。威盛集团下属企业30多家，从IC设计（威盛、威腾、威瀚）、半导体封装测试（立卫、威宇）、硬体制造（宏达、国威），一直到资讯通路（全达、建达、旭耀电通），产业上中下游，均有重兵部署，这还不包括许多以个人名义的投资，她的事业版图延伸世界各地。

到1999年，威盛上市后，作为台湾IT的领军企业之一，市值一度超过了父亲的台塑集团。王雪红干7年积累的财富，相当于父亲干了47年，王雪红也因此成为台湾女首富。2005年，美国《商业周刊》评出的该年度25位"亚洲之星"中，王雪红成为获得该殊荣的唯一女性。

一位硅谷人士形容她，"在华人世界里几乎无人能出其右，即便美国，科技产业也少见事业具有一定规模的女创业家"。《纽约时报》称她为"全球科技界最有权势的女人"。难怪有人发出"生子当如孙仲谋，生女当如王雪红"的感慨。

长江后浪推前浪，一浪更比一浪强。富家子女，虽然顶着父辈的耀眼光环，但他们正在一点点脱离这层光芒，向世人证明"富二代"衔玉而生，但不为玉所困，也能开天辟地，缔造辉煌！

传奇
王雪红

第一章 传奇的家族史

学习瘦鹅面对困境时的坚毅态度，等待机会到来。

任何人在走霉运时，要学习瘦鹅一样忍饥耐饿，锻炼自己的忍耐力，培养毅力，等待机会到来。只要饿不死，一旦机会到来，就会像瘦鹅一样，迅速地强壮肥大起来。

"台塑"掌门离世

2008年10月15日，台湾TVBS报道一则消息，在台湾被称作"经营之神"的王永庆先生在美国新泽西病逝，享寿92岁。王永庆先生因担忧美国金融风暴对台湾产生的冲击，偕同夫人与子女前往美国视察公司生产线，在美东时间10月15日早上于新泽西因身体不适入院，后因心肌梗塞导致心肺衰竭，9点38分过世。

92岁，单单对于一个平凡人来讲，早已经是生命之神付予这个世界的榜样。生于战乱，活在复兴，老死于安乐，应该是每个人都羡慕的生活状态。可惜王永庆客死他乡，又是在工作视察期间出现的身体不适。对于耄耋之年的垂垂老者，不愿在家里安享天年，必定有重要的原因。

之后的消息，便如港片的豪门恩怨所示，遗产相争，官司尽起，似乎一切问题的源头都是金钱，想来王永庆也应该知道，自己的一生过后，将会是一场怎样的家族纠缠史。

可能很少人会想起王永庆给自己的八个子女留下的一封遗书，现将全文录下：

子女们：

财富虽然是每个人都喜欢的事物，但它并非与生俱来，同时也不是任何人可以随身带走。人经由各自努力程度之不同，在其一生当中固然可能累积或多或少之财富，然而当生命终结，辞别人世之时，这些财富将再全数归还社会，无人可以例外。

因此如果我们透视财富的本质，它终究只是上天托付作妥善管理和支配之用，没有人可以真正拥有。面对财富问题，我希望你们每一个人都能正确予以认知，并且在这样的认知基础上营造充实的人生。

我本出身贫困家庭，历经努力耕耘，能够有所成就。在一生奋斗过程中，我日益坚定地相信，人生最大的意义和价值乃是藉由一己力量的发挥，能够对于社会作出实质贡献，为人群创造更为美好的发展前景，同时唯有建立这样的观念和人生目标，才能在漫长一生当中持续不断自我期许勉励，永不懈怠，并且凭以缔造若干贡献与成就，而不虚此生。

基于这样的深刻体会，因此我希望所有子女也都能够充分理解生命的真义所在，并且出自内心的认同和支持，将我个人财富留给社会大众，使之继续发挥促进社会进步，增进人群福祉之功能，并使一生创办之企业能达到永续之经营　长远造福员工与社会。

与此同时，我也殷切期盼所有子女，在创业与日常生活中，不忘以服务奉献社会、造福人群为宗旨，而非只以私利作为追求目标，如此才能建立广阔和宏伟的见识及胸襟，充分发挥智能力量，而不负于生命之意义。

在充满着诱惑的金钱面前，这封看上去措辞朴实的遗书中实在没有太多的利益分配指示。对于焦急等待分割财产的家族成员来讲，里面的话过于空洞不切实际。何谓"透彻财富的本质"？何谓"不虚此生"？又何谓"充分理解生命的真义"？过于哲理的话语放在亿万家产的诱惑面前，轻如鸿毛，不计入任何分量。

不如算了，再多地关注于王氏家族的财产纠纷，读者们也捞不到一分黄金白银的真实好处。不如我们转移自己的注意力，放到那些王氏家族们不曾关注的精神财富中来，回顾这位台湾经济传奇人物的一生。

沿着台北县新店溪蜿蜒而上，经半个小时的路程就到王永庆的家乡——新店直潭。在直潭小学附近，有一座别致的建筑，名叫"感恩堂"，它就是王永庆后来兴建的王家族厝。这里供奉着王永庆家族的祖先，墙上排列着已离开人世的每一位祖先的遗照。每到清明节，王家的后代都要来此祭奠祖灵。

王永庆家族的祖辈是清道光年间从福建泉州府安溪县金田乡移居今台北县新店直潭的。

王家在台湾第一代祖先是王永庆的曾祖父王天来。王天来是在因灾荒随寡母许雪娘由福建家乡渡海逃难到台湾的。王天来娶林谨为妻，共生育有六个儿子，依次为王清纯、王秀木、王瑞吉、王添泉、王福山、王清江。四儿子王添泉就是王永庆的祖父。

王家来台后，重操旧业，仍以种茶为生。茶叶在当时是一种重要的贸易商品，较种田划算得多，加上王家六位男儿，劳力强壮，生活也很快有了改善，逐渐成为直潭的小康人家。

王家像所有的中国家庭一样，希望儿辈能上学读书，有朝一日，升官发财，光宗耀祖。在王家的六个儿子中，四子王添泉算是一个聪明好学的孩子，更加受到父亲王天来的疼爱。

王添泉成为新店直潭一位受人尊敬的秀才。后来他开了一家私塾，以教书为业。王添泉长大成人后，父母给他娶了一位名叫蔡富的妻子。她是当地一个殷实人家的小姐，长得娇小纤弱，眉清目秀。可惜她也逃脱不了红颜命薄的命运，在她风华正茂的23岁时，因患不治之症而香消玉碎，离开人世。更为遗憾的是，她未能为王家留有后代，丈夫王添泉又成孤身一人。

不久，王天来与林谨这对历经人生诸多苦难的夫妇又给儿子娶了一位苏家的闺女，名叫苏好，她就是王永庆的祖母。苏好一下子给王添泉生了三男一女。长子王东平，次子王长庚，三子王水源，女儿王辛。王长庚就是王永庆的父亲。

王永庆的伯父王东平于1917年逝世，遗孀林芦改嫁。次子王长庚，不愿再拖累这个家，也不愿再忍受病魔的折磨，曾试图结束自己的生命。然而，阎王爷没收留他，他没死成，母亲王詹样将他从自杀的边缘救了下来。

谁知，奇迹竟在王长庚身上出现了。也许是精神的力量，也许是死神不让他过早的去见阎王爷，他的身体渐渐好了起来，不久便恢复正常，王家重新出现了欢乐，但日子已大不如前，生活更为艰辛。

王永庆有八个兄弟姐妹，除了幺妹之外，其他妹妹全部都被送养。而王永庆努力工作筹钱，就是为了赎回妹妹，让她们能以王家人的身份出嫁，甚至还卖铁柜换钱，就是要给妹妹当嫁妆。王永庆15岁在新店国立小学毕业后，先到茶园当了杂工，后来又到嘉义一间米店当学徒。

16岁时，也就是当了米店学徒后的第二年，王永庆做了人生中最重要的一个决定，用父亲所借的200日元（注：当时约为普通人数十倍薪资）自己开办了一家米店。之后生意越做越大，曾经营过碾米厂、砖瓦厂、木材行等，其中以木材的生意获利最丰，甚至曾让王永庆不惜冒险盗伐珍贵林木销往日本，弟弟王永在也曾因参与而入行。

1954年7月，在美国援助与国民政府计划经济的背景下，王永庆获得了79.8万美元的货款，并配合政府规划投资生产PVC塑胶粉，于同年筹设福懋塑胶公司。王永庆终其一生强调"追根究底、实事求是"态度经营企业。1957年4月，"福懋"开始生产PVC，由每日仅4吨的PVC厂起家，并将公司改名为"台湾塑胶公司"，开始一路向上游发展，并完成垂直整合的石化供应链，事业版图也从石化扩及电子、医疗等范畴。台塑集团被誉为台湾经济奇迹的象征，王永庆也被各界誉为"台湾的经营之神"。

卖米卖出大智慧

平凡人的经历都是平凡的相似，不平凡的人却往往从看似平凡的经历中追求到一生值得借鉴的养份，当然，王永庆正是后者。

王永庆小时候，家里贫困、人多，15岁小学毕业就辍学，被父亲送到永嘉县的一个小镇上去做米店的学徒。做学徒几乎没什么工钱，每天做很辛苦的活，但他并不怕苦。

当时这家米店生意平平，同行业的米店也很多，老板经常叹息：生意越来越难做。几百年来人们习惯了普通的买卖方式，米店老板都认为卖米的模式大同小异，没有其他方法了，大家都生意难做。王永庆听了也担心，自己才来没多久，如果生意不好米店关门可能自己会没工作做，所以他开始观察其他米店的情况。他发现所有的米店和他老板开的米店基本没什么区别，同质化竞争激烈，卖一样的大米，生意也一般。然后王永庆开始对经常来店里买米的几位客户询问，他听了客户的想法后向老板提出：每天向镇上年纪大的顾客送米到家，再收钱。他这样一来，镇上家里年纪大的人都来到王永庆老板的米店里要求送米到家。老板发现这个方法使米生意一下子好了起来。觉得王永庆人很聪明，救活了他的米店。

但好景不长，其他米店的生意清淡了许多，这些米店的老板们一打听原来是这么一回事，纷纷仿效王永庆的做法，没过多久，镇上的米老板都采用了送米上门的销售方法，王永庆老板的米生意又不太好了。

一天老板找王永庆谈，生意不好了能否再想些办法？王永庆说他会有办法的。过了几天王永庆开始询问镇上的客户，为什么每次买米总是很少？而且经常到不同的店里去买。客户告诉他，大家都是这样的，习惯了，到不同的店里可以比较一下。这是几百年来的消费习惯，王永庆记下了。于是他向现有的店里的老顾客一个个了解，每次去送米时间他们家有几口人，家里是否今年办些喜事等。

他每天白天送米，晚上回来开始做功课，在小本子上记录下今天送过米的几个顾客的家里情况。

有一天他背了一袋米，"咚咚"地敲一家顾客的门，主人出来满脸疑惑地问："永庆，我们家今天没有让你送米，怎么你送来了？"王永庆回答："东家，你家的米缸里已快没米了，今天我特地给你们送一袋过来。"这位东家，打开自家的米缸一看，果然快没米了，对王永庆当场就表示赞赏，并表示，以后我家的米就指定让你送了，以后他也不再到镇上其他米店去买了。

又有一天，王永庆看到一位以前的老顾客从他的米店前路过，他马上叫住他，说："李某某，你家的米缸里已没米了，你今天是否买些回去？"那人一听觉得奇怪了，你怎么知道我家没米了，就是不信，他说我回家看如果没有的话我就到你店来买。他回家打开米缸一看果然所剩无几，他真的来到王永庆老板的米店来买米了，并请教了王永庆："你难道是我家米缸里的老鼠，我家的米有多少你也知道？"原来，王永庆每次去送米时都从左口袋掏出小笔记本对客户做了详细的记录，家里的人口数量，每天吃多少，这样他就完全掌握了客户的需求信息，服务很有针对性。并且每次出门送米时右口袋放着一把卷尺，测量一下客户家的米缸的深度和直径，也掌握了最多能存放的米的数量。另外还了解客户每有几次大的事要办，在办大事的月可以多储备些，在过节前多储备些等。这样一来，王永庆老板的米生意非常红火，使镇上的其他米店生意惨淡，有些米店老板甚至自己怎么倒闭的也不知道，只感觉客户越来越少。

这样做王永庆觉得还不够，因为这些方法同行业还会模仿，为了让购买过他米店的米的客户再次购买，并一直留住，他又想出了方法。一般的米店伙计都只将米送到客户的门口就放下收钱走人了，让客户自己搬到家里面。而王永夫发现有家里是老弱病残的，放在门口让他们搬到家里面很有困难，于是他每次到了客户家敲开门后说"东家，米送到了，请问您家的米缸在哪儿我给您倒进去"。就这一小步路的服务，又使米店增加了客户。

他了解到，一般的家里每个月到月底米缸里总会有剩米，这样新的米放在上面时间长了下面的米容易生米虫。于是每次王永庆送米到客户家里时，先在地上铺一块白布，打开米缸的盖子，将米缸里的剩米倒在白布上面，然后拿出一块布将米缸刷干净，再将新米倒入米缸，将剩米放在上面，最后，盖上盖子。这个方法解决了客户长期以来的问题，客户既能吃到新米，又不用担心剩米生虫子。

这样起早摸黑在米店做了一年老板赚了不少钱，为老板赢得了许多客户。可他只是学徒只能解决有口饭吃，王永庆想自己也能开个米店。第二年，他回家向家里要了钱，他父亲向亲戚借了200元，他为了不和原来的老板竞争，在另外的镇上开起了米店。当时是日治时期，他看到周边的日本米店服务非常周到，于是他又想出办法。以前的米店卖的米都有米糠、沙石等，他将这些杂物拣去再卖给客户，又在服务上更上一层，一下子打开了更大的市场。为了提升服务，吸引更多的客户，王永庆不断提升更周到的服务，没过多久，镇上的其他米店纷纷倒闭。他又在其他几个镇上开了几家米店，后来只要王永庆到哪儿开米店，原有米店老板都闻风丧胆，成批的倒闭。他占领了很大的市场，创造了卖米的奇迹，一直被后人传为服务经营的佳话。

几年下来，米店生意越来越火，王永庆筹办了一家碾米厂，同时完成了个人资本的原始积累。从那个时候起，王永庆的命运发生了变化。他悟出了经营之道，从此，也步入了经商之路，他最终成了台湾首富，华人经营之神。

瘦鹅的启示

鹅是台湾最常见的家禽之一　王永庆因为养鹅的经验发展出一套独特的"瘦鹅理论"，这套理论乜是他给年轻人的经营宝典。

1941年前后，台湾农村几乎家家户户都饲养鸡、鸭、鹅等家禽，并用吃剩的食物和杂粮来喂养。因为第二次世界大战的缘故（当时台湾为日本的殖民地），物资极端匮乏，乡村也严重缺粮，人都吃不饱了，当然也没有剩余食物和杂粮可饲养家畜，只好让它们在野外觅食，吃野菜和野草。

一般说来，农村饲养的鹅，在正常喂食之下，大约四个月就有五六斤重；可是，当时一般人家饲养的鹅，由于只吃野菜和野草，四个月下来，瘦得皮包骨头，每只都只有二斤重。

看到这些瘦弱不堪、价值偏低的鹅群，王永庆心中盘算着："两斤的鹅可说毫无用处，假如我能动脑设法找到鹅饲料的话，养鹅的难题必定迎刃而解。"

根据他的观察与分析，当时农村采收高丽菜之后，都把菜根和外面一两层的粗叶丢弃在菜园里。而这些被丢的菜根和粗叶正是鹅的饲料，可是一般人并没有察觉到。

于是，王永庆雇人到四处的菜园捡回菜根和粗叶，再向"共精共贩"的统一碾米厂买回廉价的碎米和稻壳。把菜根和粗叶切碎，混合碎米与稻壳，就制成绝佳的鹅饲料。

接着，王永庆到处向农家收购瘦鹅，农家见到养不肥大的瘦鹅竟有人收购，正是求之不得。王永庆把四处收购来的瘦鹅集中起来，并用自制的饲料喂食。瘦鹅饱受饥饿的折磨，看到食物就拼命吞食，一直到喉咙塞满了饲料才暂时停下来；几个小时之后，等胃里的食物消化完毕，立刻又狼吞虎咽一番。

每天如此周而复始，原本只有两斤重的瘦鹅，经过王永庆两个月的饲养之后，重量高达七八斤，非常肥大。究其缘故，因为瘦鹅具有强韧的生命力，不但胃口奇佳，而且消化力特强，所以只要有食物吃，立刻就肥大起来。

这一段饲养瘦鹅的宝贵经验，让王永庆深深体悟到，在日本人统治下居住于台湾的中国人，也要像瘦鹅一样具有强韧的生命力，才能够长期忍受折磨，度过重重难关生存下来。

1975年1月9日，王永庆在接受美国圣若望大学赠授荣誉博士学位的典礼上，说了一段发人深省的话。

他说："我幼时无力进学，长大时必须做工谋生，也没有机会接受正式教育，像我这样一个身无专长的人，永远感觉只有刻苦耐劳才能补其不足。

"而且，出身在一个近乎赤贫的环境中，如果不能刻苦耐劳，简直就无法生存下去。直到今天，我还常常想到由于生活中受过的煎熬，才产生了我克服困难的精神和勇气，幼年生活困苦，也许是上帝对我的赐福。"

从这一段话里，我们可以知道，刻苦耐劳不但是王永庆的座右铭，也是促使他成功的主要动力。事实上，世界上每个人的聪明才智都相差无几，可是为何有人成功，有人失败呢？关键之一就在能否刻苦耐劳而已；天底下绝对没有舒舒服服就会有成就的事，凡事都有前因后果，下苦功夫才会有好结果。

人人都在追求舒适与快乐，可是都忽略了追求舒适与快乐一定要付出代价。例如，如果一整个星期都很努力工作，遇到星期天休息，一定觉得很舒服；相反的，如果整个星期本来就无所事事，星期天再休息，恐怕不但不觉得舒服，反而觉得很无聊。再例如吃东西，偶尔吃一顿大餐，会觉得是一种享受；如果天天吃大餐，非但不是享受，反而是受罪。

王永庆强调说："追求舒适与快乐的代价，就是刻苦耐劳。"

他又指出，时下的年轻人大都希望做有意义而又容易的工作。其实，容易做的工作是不会有多大意义的。所以，年轻人不要怕困难，只要下决心去做，任何伤脑筋的事终必克服，任何乏味的工作也会苦尽甘来。

王永庆举例说明吃苦的好处。譬如外行人去参观别人的工厂，不是得其皮毛就是一无所得。但若是自己辛辛苦苦去钻研一件新产品，仅欠缺一点诀窍，在穷究之余参观别人的工厂，一眼就看到，心领神会，完全吸收，这样才会有所得。就像求道的人，要尝尽苦头，求得那份慧心，才能够悟道。

再譬如去听专家演讲，任何问题若不先经过自己努力去研究分析，就很难有深刻的了解，在自己没有深刻的了解之前，也很难从别人的演讲当中去掌握讲词的精华所在，进而消化吸收，变成自己有用的知识。

王永庆说："天下的事情，没有轻轻松松、舒舒服服让你能获得的，凡事一定要经过苦心地追求、经营，才能真正明了其中的奥妙而有所收获。"

王永庆不是教徒，却说了一段颇富宗教哲理的话。他说："神创造人，毕竟是很公平的，道理只有一个，那就是人必须先苦而后才有甘。天下事都是要经过相当辛苦才可以得到的，这个道理很浅，却很难实践，这是一般人的毛病。"

目前许多刚从学校毕业的年轻人，胸怀大志，自信满满，也勤奋努力，可是由于急功近利，结果大都失败了。大家都知道，罗马城不是一天造成的，所以年轻人不论就业或创业，千万不可操之过急，成功绝非朝夕之功，一定要有先苦后甜的体验，学习瘦鹅忍饥耐饿、刻苦耐劳的精神，按部就班一步一步来，才会有成就。

王永庆说："我常常喜欢以'瘦鹅理论'来形容台湾今天种种成就的由来。光复初期，台湾老百姓生活处境极为艰苦，为了求得生存，所以充分发挥了中国人刻苦耐劳的传统美德，终于能够突破重重困境，谋得成就。"

学习瘦鹅面对困境时的坚毅态度，等待机会到来。

任何人在走霉运时，要学习瘦鹅一样忍饥耐饿，锻炼自己的忍耐力，培养毅力，等待机会到来。只要饿不死，一旦机会到来，就会像瘦鹅一样，迅速地强壮肥大起来。

王永庆指出，中华民族具有传统勤劳美德，以及非常强韧的耐力，长久以来如同饥饿的瘦鹅一般，忍受着极端艰苦的日子，可是一旦有了食物，就可以很快恢复体魄力量。

他说："中国人就像瘦鹅，饿不死，也不会生病，一有机会，马上起来，快得不得了。"

他又说："人在困苦当中，往往会养成一种坚毅力，只要遇到适当的机会，有了环境的条件可以配合，成长就会很快，甚至超越一般人。"

王永庆更以"瘦鹅理论"来说明，为何中国大陆在短短数年之内各方面都有惊人的发展。他表示，鹅只过去由于极端缺乏食物，所以瘦弱不堪，但是因为具有强韧的生命力，所以一旦有了足够食物，很快就能够健壮成长。过去大陆处在封闭的社会环境，思想守旧，人的潜力完全无法发挥，所以人民的生活贫穷困顿，也感到十分无奈。一旦环境改变，走向自由市场，等于是开展了活动的空间，一般人民的生活也很快获得改善。

他这种瘦鹅面对逆境时展现的积极态度，与日本经营之神松下幸之助把坏运看成是好运的积极人生观，非常神似。

松下幸之助从小因肠胃不好，经常把排泄物拉在裤子里，弄得狼狈不堪；11岁因家境清苦，只好念到小学四年级就辍学去当学徒；13岁丧父，20岁丧母；17岁，搭乘汽船跌落海中，差一点儿淹死；20

岁，染上当时被认为是绝症的肺结核病；26岁，骑自行车与汽车相撞，自行车被撞得稀烂。

对于上述种种的打击与噩运，松下幸之助全部当成好运。

他认为，因肠胃不好，为免于狼狈不堪，只得小心饮食，并更注意自己的健康；11岁就辍学去当学徒，这样才能比别人更早学到做生意的本事；年幼丧父母，未来的前途唯有靠自己的双手去奋斗；海水淹不死，病魔缠不死，汽车撞不死，大难不死必有后福。

王永庆在面对逆境时，当成是瘦鹅磨练自己的良机；松下幸之助把人生中所遭遇的坏运全部当成是好运。两人的看法确实有异曲同工之妙。

家族风云

在台北市锦州街，有一座漂亮的 6 层花园大楼，占地1000多平方米，庭院宽阔，绿荫环抱，警卫森严。这个深宅大院正是王永庆的寓所之一。

王永庆先后娶有3位太太，分别是郭月兰、杨娇与李宝珠。大太太郭月兰、二太太杨娇与其子女常住这里。郭月兰早已是一个虔诚的佛教徒，长年诵经礼佛，与世无争。杨娇数年前已迁居美国，与小儿子生活在一起。王永庆与三太太李宝珠则住在台塑大楼的13楼。

大房郭氏是一位童养媳，无能为王家生儿育女，王永庆便娶了杨娇作二太太。杨氏为王家生下了两男三女，成为王家的一位功臣。长子王文洋，娶陈静文为妻（原名陈静枝，结婚后，她改名叫陈静文，后来又在算命先生的指点下改名为陈怡静）；次子王文祥，娶范文华为妻；长女王贵云，嫁给陈彻；次女王雪龄，嫁给简明仁；三女王雪红，嫁给区永禧，离婚后改嫁给陈文绮。

长子王文洋学识丰富，精明能干。13岁时，王文洋就与王贵云、王雪龄两位姐姐一同远赴英国伦敦，开始了漫长的异国他乡求学生涯。高中毕业后，年仅17岁的王文洋以优异的成绩考入英国伦敦帝国大学，就读物理系；20岁时，大学毕业后，他还以优异成绩获得了英国国防部奖学金，继续攻读研究生，用了不到两年时间，就取得光学物理硕士学位。他并没以此为满足，又转向攻读企业管理与化学工程两门学位。很快他于24岁那年同时获得企管硕士与化工博士两个学位。

王文洋在英国留学多年，在那里他结识了大他4岁、同是台湾老乡的陈静文。陈静文祖籍福建厦门，出生在台南六甲。1947年台湾发生了反对国民党专制、腐败的"二·二八事件"，后遭国民党的严厉镇压。陈静文的父亲意外死于这场不幸的灾难之中。伤心的母亲带着她回到故里厦门，继而改嫁。后因在文化大革命受到牵连而辗转香港，陈静文在那里完成了她的高中学业，后随全家移民英国，她因而得以与王文洋在同一大学相识。

1980年5月，王文洋回到阔别已久的家乡——台湾。为了培养儿子基层工作的经验，让他融入台塑文化，以便将来更好地接班，王永庆并没有像其他许多大企业家那样，给王文洋委以重任，而是让他从南亚塑胶公司基层的课长做起，并接受最基本的车间训练，这既是台塑员工的必经之路，也是王永庆认为熟悉业务的最佳手段。

王文洋在南亚公司一干就是十多年，并一步一步走向公司管理高层，从林口厂厂长到1984年升任公司第四事业部经理。王文洋在这个经理岗位上再经过10个春秋的磨练，逐渐成为一位管理专才，1994年再次高升为南亚公司协理，即从部门经理升为公司总经理助理，负责统筹管理公司各事业部。

1995年，为台塑工作奉献了近20年的王文洋突然被父亲解雇，一夜间自己辛辛苦苦耕耘了20年的基业付诸东流。对于王文洋的离开外界有两种说法：一说是王文洋有了婚外恋，这让他父亲大动肝火，一气之下把他逐出家门；另一说法认为这是王氏家族内部继承权之争的结果。其实，在这之前，王文洋已经预感到自己离开台塑在所难免。

45岁才开始创业。王文洋既没有拿青春赌明天的资本，也已不再是孤身一人，可以来去自如，他背负着对自己家庭的责任。而如今的他所开办的宏仁已经走到一个新的起点。为了赢得充足的资金流以扩大产能，宏仁集团目前正在积极筹划几家子公司的上市。

虽然离开台塑曾让王文洋痛心不已，但是离开是非之地，在宏仁这个完全属于自己的自由空间里，王文洋可以尽情地发挥自己的创意和才情。苦是苦，但毕竟值得。

次子王文祥，长期在美国工作，目前任台塑美国ＪＭ塑胶公司总经理。而关于他的成长与生活情况，外界知之甚少。

大女儿王贵云留学英国，获伦敦大学化工硕士学位，目前是南亚门窗事业部经理。她的夫婿陈切是南亚公司研发中心经理。

陈彻出生在上海。父亲本名陈浩琛，从事化工原料贸易，家境不错。在1949年下半年，全家随国民党撤退到了台湾，在宜兰市定居下来。陈浩琛便弃商从文，搞起研究，专攻台湾原住民语言，写了不少书籍，故有笔名陈浩洋。陈彻在这样一个书香小康家中长大，从小就有杰出的表现，他曾以第一名的学绩毕业于台湾大学化工系。后留学美国，获佛罗里达大学化工博士学位。他还是一位物理学家，他的论文经常出现于美国知名的物理专业杂志。他也是一位电脑专家，是台塑集团电脑程序设计的高手。陈彻如今是台塑集团的一个灵魂单位——南亚公司研究发展中心经理。研发中心的前身是台塑集团的一个检验中心，专门负责检验各种原料的成份。1993年8月改为研发中心，成为南亚公司与事业部平行的一级单位，主管地位也随之升级为经理级。

王雪龄，王永庆的二女儿，1949年出生，为王永庆第二任妻子杨娇的大女儿。她的丈夫是大众电脑公司董事长简明仁。王雪龄刚满15岁时，即初中毕业的那一年，王永庆就将女儿她送到英国去念高中，高中毕业后王雪龄就进入伦敦大学攻读数学。大学毕业后，王雪龄又被送到美国加州柏克莱大学攻读应用数学与统计学硕士。就这样，她很少与父母见面。王雪龄在国外整整呆了15年，在这15年里，只有一年的暑假是在父母身边度过的。

在美国读书期间，王雪龄认识了在贝尔实验室工作的简明仁先生。简明仁是台湾台南市人，不过简明仁出生时他的家庭很贫困，加之他3岁时父亲就离开了人世，这使得本来就经济困难的简家更是雪上加霜。简明仁有兄弟5个，他是最小的一个，5个子女就全靠母亲一个人抚养。简明仁获取博士学位后进入美国著名的贝尔实验室工作，那时王雪龄则在洛克威尔公司任工程师。1974年，王雪龄和简明仁结婚。婚后，他们夫妇二人商量决定回台湾经商。但二人都没有经商的经验，为此，他们夫妻在回台之前先到美国一家贸易公司工作了一段时间，取得了一些贸易方面的实际知识后，才回到台湾。

1980年，王雪龄夫妇用自己仅有的2.5万美元的积蓄在台湾成立了一家大众电脑公司，初期业务主要是代理美国PRIME电脑公司经销与维修超级迷你电脑，由于经营有方，迅速积累了一笔资金，于是从1985年，开始扩大大众电脑公司的业务，从事电脑的生产和制造。王雪龄夫妇瞄准台湾电脑市场，生产一种成本低、质量优的电脑，迅速占据了台湾电脑市场的一席之地。

杨娇的第三个女儿王雪红，即我们本书的主角，是美国加州柏克莱大学经济硕士，与陈文琦共创威盛电子，后来结为夫妻；又与卓火土、周永明共创宏达电子。身兼威盛电子、宏达电子董事长。

三太太李宝珠，1909年出生，河北省吴桥县人。幼年曾习大鼓，后在津从张百龄学评戏。上个世纪20年代中期在敬顺戏社任主要演员。1929年该班曾赴北京演出，是入京演出最早的评戏班社之一。李的代表剧目有《二县令》、《丝绒记》、《盗金砖》、《李香莲卖画》等。上个世纪30年代中期胜利公司为其录制了不少唱片。由于出身背景，王永庆当年娶进"三娘"，曾经遭受不少闲言闲语，而他的母亲当时也不同意他迎娶三娘。当年，李宝珠在台北市博爱路的"黑美人大酒店"当酒女，艺名叫做樱花小姐。

樱花小姐李宝珠，性格开朗大方，善解人意。与王永庆前两位太太完全不同，给王永庆留下美好的印像。王永庆的大太太，长年念经拜佛；二太太只知抚儿育女，对丈夫的生意交际，起不到辅佐的作用，留守在家。这个樱花小姐，身在酒肆之时，却能给王永庆以女性温存。尤其使王永庆感动的，有一次王永庆生意遭受了挫折，樱花小姐卖掉自己的金银首饰，多方筹措资金，帮助王永庆渡过难关。王永庆在台塑13楼打造的私人招待所，高雅简洁，其实就是三娘李宝珠一手张罗的。对菜色很有要求的她，花很多时间和厨师苦思菜单，名气响亮的"台塑牛小排"卤得入味的牛肉搭配蒜头，其实就是她的手艺，在这里王永庆谈成不少生意，但让李宝珠费尽心思的，还包括王永庆的身体状况。李宝珠曾说："身体还是要自己保重，你不保重的话，马上就坏掉了。"

早期陪着王永庆跑步，运动会上的5000米她从来不缺席，看到王永庆不太舒服，马上拿出营养品给他饮用。此时，生活重心就只有王永庆一个人，即使王永庆从来没有对外界松口谈论感情世界，但一举一动都表现出夫妻情深。

王瑞纪，李宝珠与其前夫所生。夫婿汪隆已病逝。

王瑞华，台塑行政中心副总裁，毕业于美国哥伦比亚大学，夫婿杨定一。杨定一的父亲杨正民是位物理电子工程专家，曾在巴西利亚大学任教，还是美国哈佛大学、麻省理工学院、洛克菲勒大学的客座教授。杨定一为杨家长子，一家四位兄弟姐妹均是博士，连两位女婿也是博士，成为美国华裔中鲜有的博士之家。他进入美国洛菲勒大学深造，不仅是那里最年轻的双博士学位持有人，也是第一个半年修完博士学位的创纪录者。毕业后，他在洛克菲勒大学从事过基础医学研究，也担任过康乃尔大学的教授，在纽约任过职。然而他并不是一个只知书中自有黄金屋的书呆子，他爱好广泛，特别是体育方面更为突出，据说他还是一个跆拳道高手。与王瑞华结婚后，进入台塑集团，并热衷于到大陆投资。

　　除较有名气的二女儿王瑞华之外，李宝珠又为王永庆生了三个女儿，一位是台塑的副总经理王瑞瑜，一位是长庚医院决策执委会副主委，王瑞慧，最小的女儿是王瑞容，长庚医院特别助理夫婿方国强。

第二章　留给后代们的"财富"

　　房子要盖得好，看地基；球要打得好，看基本动作；拳脚功夫要学得好，看马步；要成功，必须从最基本处脚踏实地，一步一个脚印地做起。

事事要求"止于至善"

王永庆将台塑做到全台湾企业的龙头，并不是一蹴而就的。王永庆所具备的优秀经验的第一条，也是最重要的一点，即"追根究底"，也就是对问题不追究水落石出，绝不罢休的态度。

王永庆以木材起家，因塑胶而发迹。他早年的木材生意，都是向林务局的林场标购原木，经过简单加工，再转售出去。那些等标售的原木，林场为了避免因干燥而导致木材龟裂，全部都浸泡在大水池里面。

当时台湾木材商向国有林务局标购原木的做法是，到林场里先用长竹竿在水池中探测浸泡原木的数量，再用肉眼辨别原木的树种与品质，再填写标单向林务局标购，最后由最高价者得标，取得原木。

由于大部分的原木都浸泡在水里面，光用竹竿去评估其数量，经常造成很大的误差，再加上每根原木价格昂贵，动辄数十万元，因而标购水池的原木风险很大，大家各凭经验与本事，有人赚也有人亏。无论如何，"赌"的味道很浓。

有一次，王永庆向嘉义的阿里山林场标购原木，结果出乎同行意料之外，王永庆所标的价格虽然高出其他同行甚多，可是却因购得那一池原木，赚了很多钱。同行们都大惑不解，他到底用了什么方法，能够把那一池的原木数量估算得那么准确。

原来王永庆在招标截止的前一天晚上，趁着月黑风高，悄悄地跳入水池中，花了一晚上的时间，把水池里原木的数量点得一清二楚；所以，第二天他才能报出合理价格得标，因此也狠狠地赚了一票。

王永庆曾说："经营管理，成本分析，要追根究底，分析到最后一点，我们台塑就靠这一点吃饭。"

那么，何谓经营管理的"追根究底"呢？那就是日本行之数十年，对提高经营绩效极有助益的"原流方法"。所谓"原流方法"就是，凡事遇到问题或发生异常都要深入分析，并且追究问题的本源；就好像河川的流水混浊了，我们要探求它的原因，必须溯流而上，一直追到河川的源头，才能真正排除异常，解决问题，所以叫做"原流方法"。

王永庆说："所谓'追根究底'也好，'原流方法'也好，本来就是处事的真理原则。只要肯花心思把事情做好，自然就必须深入探讨事务的本源，这是做事的不二法门。"

经营管理要进行"追根究底"，必须从根源处去追求。王永庆举一棵树为例来说明：树的上面有树干与枝叶，下面有根，根中有大根与中根，连接中根的还有许多细根。树的生长是靠细根吸收养分，经中根、大根至整棵树，才能自然地成长。冬天来临时，叶落满地；但是因为有根部供给养分，春天一到，即再生树叶而绿意盎然。人们最注意的，往往是茂盛的枝叶，而忽略了最重要的根部。

王永庆的意思是，一棵树要长得枝繁叶茂，必须从看不见与容易被忽略的根部去下功夫；经营管理要做得好，也必须从平常看不见与容易被忽略的根源处去追求。

他说："我们做事应该和树有细根一样，必须从根源处着手，才能理出头绪，使事务的管理趋于合理化。"

王永庆为了强调经营管理必须从最辛苦而又乏味的基础工作着手，他又举盖大厦与筑桥梁来说明。无论盖高楼大厦也好，或是筑一座桥梁也罢，基础是最费工、最花钱的工程。等到大厦或桥梁完成，最费工与最花钱的基础却都看不到了，只能看见大厦的上层和桥梁的表面，人们称赞的也是这些外在看得见的部分，没有人会想到基础。哪一天发生洪水、地震，有的塌了，有的倒了，才知道基础的重要。

总之，王永庆认为，基础工作最容易被轻视与忽略，最费精神、辛苦而乏味，却是经营管理最重要的一环。

有一年，台塑发现各公司的资材仓库里库存很高，可是却发生缺料、断料，造成不能顺利供应生产的现象。

当时台塑的资材管理，仅为每一个月及每半年一次的盘存工作，依品名、规格、数量等，将经过一个月或三个月甚至六个月的尚未动用的原物料资料记录成一大本表格，然后把库存量统计一下，最后由填表人依序呈送资材主管、厂长和经理过目。至于盘点目的何在，大多未加深究，仅是潦潦草草看过就算了。

王永庆说："要谈资材管理，第一个先决条件，是表格的设计能否达到管理上的要求？东西虽经盘存，但这些东西一个月没有动用，三个月没有动用，甚至半年没有动用，只是盘点出来又有何用？盘点的目的是什么？东西摆这么久应该怎么办？从未想到应该去追根究底。"

于是，王永庆把原来的盘存本，增列了两栏。其一是资材主管的

"处理对策"，东西滞存了三个月，怎么办呢？有了这一栏，资材主管不得不去动脑筋：让这些东西继续滞存在仓库呢？或是赶快处理掉好呢？或是提出与人交换呢？或是其他种种办法，应该逐条填列出来。其二为"厂长或经理批示"，资材主管签注的意见如何？所拟的处理办法又如何？既经批示执行，有无处理？处理得怎样？有了这两个栏就能够追踪，这样才是管理。

务本精神

王永庆第二个重要的人生经验是"务本精神"，凡事只求根本，不问结果。

国内外绝大部分的企业在开会时，总是绕着"业绩"、"利润"等"结果"在打转，而台塑总管理处的会议上，永远听不到王永庆和他的幕僚人员在谈"业绩"或是"利润"，他们总是以"追求点点滴滴的合理化"为主题。

在台塑任职43年，目前担任台塑关系企业六人决策小组之一的杨兆麟说："打从我进入台塑以来，在参加所有内部工作检讨会中，从未听到王董事长谈及检讨业绩的事情。王董事长关心的是'本'而非'末'。"

杨兆麟进一步指出，一味地追求利润，好比舍本逐末，本若不固，利从何生？因此，他们从不着眼于"该赚多少"或"赚了多少"，而只着重追求管理扎根工作。

许多中外的管理学者都认为，企业的高阶经营者不应管到细节问题；而王永庆的看法却恰恰相反，他认为细节的问题关系重大，要做好管理工作，一定要从细微末节处着手，由每一项工作中找出问题并设法解决，这样自然能够全盘了解，进而可以掌握部属的所作所为，也可以向部属作深入地要求，这样的做法才符合务本精神。

王永庆说："目前国内之管理现状，尚未达到相当的水准，基础不够坚实，经营者只顾及大原则的确立，无论如何是不够的。"

有一次，王永庆参加明志工专校友联谊会。在会场上，他看到了一句"求新、求行、求本"的标语。他认为这句标语的次序有问题，应该倒过来才对；不先求本的话就没有办法求新，而不先求行的话也没办法求新，如此一来，就应该把标语改为"求本、求行、求新"。

王永庆说："我不是钻牛角尖，故意找毛病，其实教育的基本功能就是求本的工作，求本才能求行，而后才能应变求新；如果没建立良好的'本'的话，怎么能'行'？又怎么能'新'呢？若照原标语所写的，先求新再求行、求本的话，则是本末倒置，是站不住脚的。"

王永庆务本的第二个实例，是连种菜——台塑的明志菜圃——也做到点点滴滴合理化。

明志菜圃位在台北市明志大楼的屋顶，有300多坪，它可能是台北市最高而且最大的空中菜圃。台塑总管理处在1981年规划兴建明志大楼时，在顶楼设计菜圃，主要就在美化环境，并可达到防晒的效果。

明志菜圃约需投资新台币数万元，与台塑其他投资计划相比，根本不成比例。可是，台塑总管理处的大楼管理处，也和处理其他的投资计划一样的一丝不苟，先后上了四次报告。在报告之中，详细说明了种植费用、种植项目、所需的人工与设备、成本估计、种植的面积与效益评估等，甚至还附上了种植位置图与试种时所拍的彩色照片。

其中，种植费用包括：种子、肥料、防虫、人工等，每月约需15000元，以蔬菜之售价而言，尚有盈余；种植项目的挑选，因屋顶风力大，故选择比较耐风的菜种；在估计成本时，是以桃园地区一分农田租耕年约7000元计，依此换算下来，明志菜圃每月每坪租金约2元，300多坪的租金就是600多元。

此外，为了解决菜圃灌溉用水的问题，总管理处增设了自动喷水机。另外，为了降低用水成本，灌溉用水采用地下水。

王永庆对菜圃的报告看得很仔细，并做了批示。

明志菜圃月产1150台斤，总管理处以市价卖给台塑招待所和员工餐厅，若有剩余，再卖到林口长庚医院或泰山的南亚塑胶工厂。

虽然明志菜圃只是芝麻绿豆的小计划，但是王永庆处理起来毫不含糊，依然遵照他的务本精神——点点滴滴合理化。

连点成面，从细节抓起

在中外驰名的"午餐会报"上，王永庆经常用"追根究底"的方式追问部属每一细节的问题，倘若准备不充分，一定会被他问倒；与会的部属们每每因他精通细微末节而钦服不已。然而对王永庆追逐细节的做法，有人批评他见树不见林，劝他应该多学习美国企业的老板，抛开枝节，只管大政策与大方向。

针对上述的劝说，王永庆答道："我做的不是大政策，我忙的都是点点滴滴的管理，就像如何使表格比较理想等。根据台塑在美国的经验，美国有几家工厂很老大，学他们的电脑可以，但学他们的管理方法，唉呀！太老大了。"

他又说："看房子，要先看地基。我可不是只见树木不见林，像操作人员的手艺、操作方法、机械的配置等等，都会影响到生产力；如果有追根究底的精神，就会细分他的动作，研究是否合理化，是否能将两个人操作的工作量减为一个人，生产力就因此提高一倍，甚至一个人兼顾两部机械，生产力就提高了四倍。"

有一年，一位日本经营管理协会的会长来台讲习，王永庆请教他对台湾企业管理进步程度的看法。

那位会长答道："你们工商企业的管理这几年来的确有相当进步，至于程度问题，以我的观察，对问题'点'已经做得很不错了，目前已从'线'的改善着手，只要由纵、横连贯做好，便可达到'面'的管理改善。"

王永庆对日本会长的回答不表赞同，立刻追问道："不错，由'点'的改善至'线'的连贯，才能达到全'面'的管理，当然要这样去努力，这是做事的顺序；可是我认为最大的问题还是在'点'上，'点'真正完善，'线'与'面'就简单多了。

"刚才您说我们工商企业已经把各'点'都做好了，我想这是您夸奖、客气的话，不要说我们工商企业对事的'点'还要努力，就是先进国家对事物各'点'还是不断地加以研究改善。我认为事物各'点'是基本问题，'点'还是不断地加以研究改善。我认为事物各'点'是基本问题，'点'的改善是无止境的。"

该日本会长立即点头，同意王永庆的说法。

王永庆接着又对日本会长说："我们为达经营合理化，十年来聘请外国专家学者协助我们改善经营管理，当然多少是有所得，但总感觉效率仍不太高，品质仍未达完善。我认为专家前来协助的时间很短，只能做全盘性的'面'的讲解，无法从根（点）掘起，听众无从领会与深入，以配合自己的需要。于是，听了一场讲习仍难达到管理上的需要。以会长您的高深管理学识，如果选择一个实例，将该实例之事，由根源开始，对整个过程之各'点'一一解释，我们的听众必定有深刻的领会。"

该日本会长连连诚恳地点头称是。

王永庆曾说过，他总有一天要将公司的经营交给公司的同仁，而公司的同仁对管理不了解的地方还很多，再加上他本人难免会带有一点不良习惯积存下来，而公司第二代年轻的同仁还需要借用他人的长处，来修正、改善他的缺点与不良习惯，同时要不断地去发现，以求得更好的方法；就这样一代三十年，要经过两三代，管理才能真正达到"百年树人"的境界。

有句陈年老话："聚沙成塔，滴水成渠。"听起来已是腐朽不堪，可是，应用在王永庆点点滴滴求其合理化，凡事追根究底，求根本逐细节的做法上，却变成他事业成功的金科玉律。

王永庆沉痛地说："当前国内工业界如果不能从根本上着手，奢谈企管是没有用的。管理没有秘诀，就看肯不肯下功夫，凡事求其合理化，台塑经营管理的理念是追根究底，止于至善。"

成功没有捷径

1979年3月20日，王永庆应邀在台湾大学商学研究所做专题演讲。演讲完毕，有一个研究生问他说："在您成功的过程中，您认为哪一项因素最重要？有没有运气的成分？"

王永庆答道："今天以前有运气的成分，今天以后就不能靠运气。成功的最重要因素是勤劳，从基层做起。"

还有一次，王永庆到辅仁大学演讲。当一个学生问他对刚毕业的大学生有何建议时，他答道："年轻人刚踏上社会之时，不要东挑西挑，任何工作都可以做，都有前途；特别在企业界，只要你努力学，一年就可以得其要领，而三年有成，可以一展雄心大略。"

王永庆为了贯彻"从基层做起"的理念，严格规定台塑关系企业的大专新进人员，不论任何科系，不论将来派任何职务，不论他是谁的儿子（王永庆的儿子也不例外），一律得参加轮班训练，从最基层做起。在6个月的训练期间，他们将被派到泰山、彰化、宜兰、高雄等厂区，直接到生产的最前线，实际参与轮班的生产作业。

王永庆说："大专新进人员将来都要担任公司干部，如果没有利用新进这段期间好好训练，加入基层工作亲身去体会，将来升为干部必然不懂，但已经没有机会再从基层做起。无论为公司利益也好，为爱惜人才、培育人才也好，都应该在他们进入公司的时候，给予从基层做起的机会，实地到现场去参与轮班工作。"

轮班训练的过程中，受训人员除了参加生产作业，其他像打包产品、搬运物料、保养机械都要去做，而且也必须和作业员一样，轮着上日、夜班。同时，每个月还要提出心得报告，由主管辅导考核；6个月训练期满后，再由总管理处派主考官到各厂区举办期满考试，成绩合格者才正式任用。

轮班训练非常辛苦，此种训练的主要目的在考验新进人员吃苦耐劳的精神，磨练他们的意志与耐力，树立正确的工作态度。同时，让他们了解，公司经营的好坏是从基层开始的；如果将来当上主管，才知道基层在做些什么。

王永庆对轮班训练的成效下结论说"日本人常说他们要培养一位一流企业里的一级主管，非要12年以上的时间不可。其实我倒认为，只要我们的轮班训练做得彻底，6个月以后再按其专长或志趣，有计划地训练和培养，不出5年，都有希望成为本企业之一流主管。"

王永庆所主张的"从基层做起"，除了轮班训练中，从生产线的最基层做起之外，还蕴藏下列两层意义。

在"时间就是金钱"的现代社会里，一切讲求快速：放眼望去，吃的是"速食面"，读的是"速成班"，走的是"捷径"，渴望的是"瞬间发财"，以至于造成社会普遍短视、追逐近利的虚浮现象。

老祖宗的宝贵经验告诉我们，牛肉要用小火慢慢地炖，然后再焖一晚，才会入味好吃；任何工匠，讲究的是慢工出细活；拜师学艺，至少要3年4个月才会有成。

王永庆表示，过去常听老一辈的话，说要学一技之长必须当3年4个月的徒弟。开始工作时，师父非常严格，打骂兼而有之，吃饭以外，几乎没有工资。不能忍耐，吃不下苦就学不到功夫。

他说："学功夫似乎用不到3年4个月的时间，可是忍耐力的磨练、精神情感的成熟和他的技艺不能说没有关系。那样熬练出来，果然技艺圆熟老到，绝不毛躁马虎，真正是根基稳固，熟而为巧匠。"

王永庆指出，以前师父带学徒，都会一一教导基本的技艺知识。像盖房子用的砖块，在砌砖墙以前都要浸水，目的是要使砖块吸满水，才不会在砌好墙之后，吸取外层混凝土中的水分，导致混凝土松散，破坏墙的强度。还有，木材在使用以前，必须先风干，才不会在使用以后缩水，造成结构上的脆弱和危险。

他说："师父除了都教导之外，还严格要求学徒确实履行。虽然学徒要好几年才能出师，可是做起事来一板一眼，绝不偷工减料、打折扣。现在进入工业社会了，大家都在讲'效率'，求速成，谁还愿意花几年时间学这些？结果就变成不但学艺不精，而且做事马虎。"

王永庆说："我看到很多年轻人刚刚到社会上，就要很快地冲，想很快得到很大的成就，结果大部分是失败的，成功的很少。谋求成就不可操之过急，要一步一步地打基础，没有人可以一下子发展起来的。"

　　房子要盖得好，看地基；球要打得好，看基本动作；拳脚功夫要学得好，看马步；要成功，必须从最基本处脚踏实地，一步一个脚印地做起。

学历不等于实力

王永庆曾奉劝明志工专的应届毕业生说："如果你们继续深造，念到硕士、博士，不能说没有用，不过根据我们所了解的，台湾一万多名留美学生中，他们虽然都是硕士、博士，但是他们是不是工业人才呢？这个我当然不敢说没有，有过在比例上少的可怜，他们不是当教授，就是当研究院的研究员。"

他指出："在美国有许多的优秀青年才俊是在台湾培养出去的，他们在美国拿了硕士、博士，甚至所谓优秀人才，如果工作没什么表现，纵然才高八斗，学富五车，也只是他个人的，不是社会的。必须要有所表现，贡献出能力来，才是有益人群的。"

基于同样的谬误，许多人误以为拿到博士学位，读了一些管理的书籍，就可以到企业界"一展长才"了；殊不知，一旦理论与实务脱节，则理论将成为无用之物，不幸也贬低了管理学的价值。

不但学历不等于实力，就是好学校与好成绩也不等于能力。王永庆表示："一般来说，常常会因为这个人是知名学校毕业的，在学校成绩也很好，经营者和管理者便认为这个人绝对没有问题；好像书读得不错，学历也好，工作能力当然也会好，却根本从未试着去了解这个人究竟有多少能力？其实好学校出身或尽管在学校成绩如何优异，都是他个人自己的事，并不能因此就说他必然有贡献。"

既然空有学历与学识无用，那么实力从何而来呢？实力是从实际经验得来的，王永庆说："经验不是可以速成的，不是坐在办公室享受冷气可以得到的，要实地去做，去流汗吃苦，经过挫折失败而后有所得，必须由基层工作做起。"

他强调，经验必须是刻苦耐劳、脚踏实地磨练出来的才有用。如果只是走马看花，参观性质，客串性质，只能称为经历，称为经过。所谓过来人，并不代表就有经验，时间并不等于经验。

福特年轻时是小工出身，最初在农田里工作，曾修过打谷机，后来又操作锯木机。王永庆认为，福特曾经修理过打谷机的那一段经验，对他后来的成功有重大的意义。

王永庆表示，打谷机虽然是构造很简单的机械，福特不是机械工程系出身的，对机械并不内行，但经过修理打谷机的经验，福特便得到粗浅的机械知识，这个知识对于他后来的汽车专业一定有极大的帮助，如果福特没有这一段经验，恐怕创造汽车的构想就不会实现了。

通常企业的新进人员在生产线上待一段时间之后，便会对工作感到厌倦与失望。要避免产生这种厌倦与失望，必须从工作的态度上着手。我们应该勉励新进人员不可挑剔工作，为了充实自己的经验，任何辛苦、枯燥的基层工作都得心甘情愿地去做。

王永庆说："辛苦没有客观的定义，辛苦与否完全是个人主观的认定，只要认为工作得有意义，就不会感觉是在受苦。你必须知道当你觉得最苦的时候，那正是你磨炼意志、锻炼体魄的最佳时刻。"

凡事从基层做起，吸取最宝贵的实务经验，经验的累积是一点一滴，由少而多，有一天用上了就会知道经验的可贵。而且，经验愈多，成功的机会愈大。

其实，新进人员从基层做起，不但对企业有贡献，同时自己也能获得宝贵的经验，这便是最好的报酬。经验累积丰富之后，自然奠定了未来成功的基础。用这种学习的观念去做事，金钱便成为副产品。相反的，如果不是为了吸取实务经验，只为追求金钱而工作，便会觉得工作单调辛苦，度日如年。

俗话说："不经一事，不长一智。"这句话充分说明经验不但可以增长智慧，而且可以帮助你创业，当然财富会跟随而来。所以，福特才会说，经验是别人抢不去的东西，也是世界上最宝贵的东西。

王永庆有感而发地说："钱是没有用的。钱，人家可以从你的手中抢走，但只要有足够的力量你就会成功，而且无论如何，力量是人家抢不走的，培养自己的力量才是最重要的。"

这句话正好为他的"实力主义"做了一个最贴切的阐述。

王永庆指出，读书是为了将来能够"致用"而读的。认清目的之后，你读书的态度、用功的程度、选择参考书、课外进修等等，都会有一个新的角度，也才会真正地读书。可惜的是，一般人忘记读书的目的，变成为文凭、为升学、为虚荣、为了与大家念热门的学科系而拼命恶补。宝贵的求学时代过去了，文凭也拿到了，却发现不能"致用"，时间浪费了，人也糟蹋了。

王永庆曾经奉劝明志工专应届毕业生说："进修也好，深造也好，必须先弄清楚自己需要的是什么？进修深造为的是什么目的？不要总以追求虚荣的心理去做事，我认为这是没有用的。希望能继续进修深造，有这种进修进取心是好的，但凡事要有妥善的准备，先弄清楚你为什么要进修？为什么要到国外去深造？好多好多人没有目标，似乎是'为深造而深造'，这是最要不得的。"

王永庆小时候对念书没什么兴趣，因为他当时根本不知道念书的意义与目的何在，由于不知求学的意义何在，读起来倍感艰辛，于是能躲就躲，躲不了就马马虎虎地应付了事。

他感叹地说："那个时候如果我认真一点，说不定还可以继续念初中，甚至高中，这样的话，我今天就会更进步了。"

王永庆指出，有许多人，学问固然高深，但因为缺少工作经验，他的学问便无从表现出来。学问不在实际工作当中应用，贡献成果，那么再大的学问也是他个人的，这样的学问是没有用的。必须在实际工作当中验证、修正，肚子里的学问才会愈精纯，工作也因而愈做愈好。他说："懂得一堆知识而不懂得消化、利用，充其量只是一个书生、一个书呆子，知识也是死的、没有用的。"

王永庆又指出，有人没受什么教育，知道自己没有学问，什么都不懂，便安分守己，埋头苦干，不骄不狂，做的虽然不是很重要的工作，但是一点一滴做好它。由于苦干实干，他们的经验逐渐累积，由小而大，他们的成就也积少成多；有一天，他们成就了大事业。他们因为没有学问，所以才更本分、更谦虚、更努力，一点一滴、实实在在地去做。没有学问反而造就他们的成功。

他的一生不就是这段话最好的写照吗？

王永庆表示，我们常常听到有人把学问分成理论与实务，这是偏颇的、不正确的。一本书所写的是作者智慧的结晶，而这份智慧乃是作者的经验，他把自己的心得写出来印成书传授给大众，这种知识其实是经验的累积，怎能说它是理论的呢？问题在于读书的人只记下书中所说，没有经过实际体验，没有消化，没有自己的心得，于是便说它是理论的。

他进一步解释，就像看一篇小说，或是一出戏，其中的情节使你想起自己的经验；例如离别或是重逢，那种遭遇是你所经历过的，你便容易被感动，随着戏中人掉泪，这便是共鸣。同样的，一本书，读的人个个感受不同，这表示每个人因为经验不同，共鸣程度便各异了。甚至同一本书，几年后重读，会发现体会的程度又加深了些，这表示几年的经验使你共鸣的程度更深入了。

王永庆的这番话重点在于，读一本书，必须配合自己实际的经验，互相印证启发，才能发挥作用。如果你完全没有经验，书看了也不懂，勉强硬背下来，那也只是理论的；这么一来，经验仍然是作者的，不能成为你的经验了。

台塑公司曾经聘请国内外的学者到台塑演讲，公司各级主管都很用心听讲，渴望从中学到有用的东西。学习的场面相当热烈，可是成效很有限。问题出在，学者所谈的，不一定能够适合听者实务方面的需要；而且学者所讲的内容，听者不一定能听懂后引用来配合自己的实务需要。

这就是理论与实务之间存在的距离。

王永庆说："有了学问之后，每个人都想掏出来表现一番，可是如何放到工作上去呢？怎么一放上去又格格不入，不符合老师教的呢？我们今天最重要的课题是如何让两者能够搭配起来，彼此吻合。"

总之，王永庆认为，在读书求学问的过程中，首先，要认清读书的目的；其次，学问必须在实际工作中验证；第三，知识学问与实务经验须互相搭配。这么一来，才能从书本中吸取作者的智慧，累积自己宝贵的经验，进而达到学以致用的目的。

"切身感"

王永庆认为，人性都是自私的，只有自己的事业最有切身感，才会下苦心去经营。企业的管理制度与工作环境若能造成员工的切身感，员工的潜能至少可以发挥到十成以上。

王永庆说："企业规模发展愈大，人员用得愈多，切身感就会逐渐淡薄，这似乎是很难避免的自然趋势。以我的看法，要要求效果，比较可行的方式应该是找适当的人和你合作，使他和公司的经营绩效休戚相关，因此而产生切身感，和你同心协力，谋求发展。"

王永庆曾以铺草皮为例，说明何谓切身感。

很多年前的一个星期天，王永庆到明志工专，看见三个工人在铺草皮，工作散漫。

王永庆问工人："学校一天给你们多少工资呢？"

"每人每天60元。"他们回答。

"够不够生活呢？" 王永庆接着问。

"当然不够，只是利用田里闲暇，多少做一点小工贴补家用。"工人回答。

王永庆说："假如给你们一倍的工资，也就是每人每天120元，你们能做更多的坪数吗？"

工人答道："如果真的给120元，我们负责做3倍的坪数。"

后来校方真的付给工人120元，结果工人做了3倍半的坪数。假定每人每天做一坪，原来付60元，后来做3.5坪，也就是做了210元的价值，付给工人120元，校方多得1.5坪，即多赚90元。

这个办法就是使工人产生切身感，因关系到自身的利益，自然会更勤奋。

王永庆又举例说明切身感的微妙之处。他指出，有许多过去在别家企业服务的人，一旦自己当了老板，就常会感叹身旁总是缺少一个适当的人，能够帮助他思考或者解决一些问题。

问题的原因，王永庆这样解释道："答案很简单，因为自己当了老板，事业的成败有绝对的切身利害，而身边的人不是老板，切身感总有差别，即使请来以前最合得来、最知心的同事或朋友来协助，情况也大多类似。不是身边的人笨，而是他的切身感不足。"

王永庆也把切身感实际运用在台塑企业内的电梯维修工作上。

台塑关系企业内各单位与长庚医院的69部电梯，本来都委托代理商维护修检，每年维修费约20万美元，有许多代理商因缺乏足够的专业知识，所以维修工作绩效不佳。

王永庆于是设法改善，把69部电梯的维修工作收回自己做，指定由长庚医院工务部门的一个7人小组负责。他把7人维修小组组成一个成本中心，每年付给它20万美元的电梯维修费用，其中由长庚医院工务部门抽取三成——即6万美元，小组一年的实际收入是14万美元，由7人平均分配，每人每年可得两万美元。

假设小组中的7人，完全以受雇方式工作的话，每人每年大约可获得1万美元的工资；尽力把电梯维修工作做好。对公司来说，每年也省下了6万美元的费用，可以说一举三得。

要创造切身感，说起来简单，做起来却非常困难。因为首先必须就企业内的各个部门，改变为成本中心之后，每人每年收两万美元，增加了一倍，于是产生了切身感，自然尽心分别建立合理的标准成本。有了合理的标准成本做基础，才能正确计算各部门所属人员的努力结果所获得的绩效情形，再按绩效情形给予适度的酬劳与奖励，这样才能激发切身感。

而标准成本的建立，必须针对各项有关因素深入研讨、分析的工作，除了依靠刻苦耐劳的精神之外，还要进一步发挥知识的力量，处处追根究底，实事求是。

我们再来看看王永庆把切身感运用在南亚公司国外部的实例。

南亚公司国外部，1983年的月平均营业额是2.35亿元，费用成本为169.5万元，约等于营业额的0.67%。

为了激励工作人员的切身感，以提高效率，并有效拓展外销市场，王永庆将南亚国外部设定为一个成本中心；并以1983年度的营业额与费用成本比率设定标准，凡是营业额增加或者费用节省，或是两者兼而有之，因此所产生的利益，从中提供出三成给南亚国外部人员分享。

自从该制度实施之后，效果很快就显现了。以1984年8月的情形为例，营业额增加至3.23亿元，按其0.67%的比率计算，其标准费用成本应为216万元，而实际只用了140万元，差额76万元，其中的三成——23万元，即由南亚国外部同仁分享。

"物美价廉"是永远的王道

王永庆是"价廉物美"这一成语的最忠诚实践者。他曾经多次在公开演讲中强调，经营企业必须牢记"价廉物美"这四个字。

王永庆把台塑定位为石化业中间原料的供应者，致力于提供价廉物美的中间原料，使下游客户获得经营助力，彼此缔结牢固的合作关系。当下游客户业务顺利进展，也有利于台塑经营规模的扩充，形成一种良性循环。

他深信，只有建立在"价廉物美"的基础上，企业才能蓬勃发展。所以，他对"提高品质，降低成本"不遗余力，孜孜不倦，通过不断地改良设计，使产品更精良；经过不断地钻研努力，使成本更低廉。

要降低成本，必须先做成本分析。一般台湾企业所讲求的是单位成本，他们把单位成本区分为固定成本与变动成本，将有关各科目按各月份历来的耗用量或金额来比较，取其平均数或最低数作为目标来控制，然后观其变动，分析变动原因。其中认为可以节省的，便予以修改删减，列表交各单位遵照执行。

按照上述单位成本的分析，得出的结果大多不如理想，做出来的产品也都超过原来预计的成本，王永庆认为造成上述不良结果的原因有三：

一、成本分析以后交待下去执行，结果是，分析表摆一旁，根本不照分析的做控制；虽有分析并拟订目标，但不能据以实践，这是管理的问题。

二、各企业管理较上轨道的，就能根据所分析的数字去执行和控制。但是，因为原来分析的深度不够，尤其各科人员未能了解如何控制才能降低成本，以致不能发挥主动的控制作用，这是美中不足的。

三、分析出来的数字非常宽松，使用单位不需努力便能达成。在这种情形之下，再实施奖励办法的话，便可轻易拿到奖励金，造成很不公平的情况，这是成本分析深度不够所致。

王永庆提出了其独特的单元成本。他说："一般做成本分析只是做到单位成本，我认为这样仍不够彻底。以财务费用为例，我们应该再细分为原料的财务费用，还有制造以及成品、营业上的财务费用。如果只以财务费用为单位成本，那么，分析工作势必无法再深入，得出来的结论往往与实际有一段距离，成本分析就无法做到正确。"

王永庆再三强调，要有效降低成本，无论如何都必须分析到各个影响成本因素的最根本处，也就是说，要做到单元成本的分析，只有这样彻底地将有关问题无分巨细一一列举出来检讨改善，才能建立一个确实的标准成本。

对于单元成本的建立，要先知道一件制品所发生的成本可归纳为固定和变动两种。成本按直接或间接物料、人工及其他制造费用，分成各项细目。构成一项产品的单元成本可能有数千种，每一种都有它发生变化的不同因素，我们要追踪现状是否合理。

其实，单元成本分析的主要意义，就是要从计算成本的过程中，把很多很小的单元组合成一个成本单元，再由许许多多的单元成本组合成一个真正的成本。在这过程中，找出各种人、事、物方面的不合理处，想方设法着手改善，寻找合理的方法。简单地说，就是由计算成本追求整个组成的合理性。

所以，单元成本分析的范围很广，包括：技术与人员的管制，资材与营业管理的良策，生产效率的高低，废料的多寡，品质的好坏等。

从控制单元成本开始，就比较容易着手改善成本结构；建立合理标准的单元成本，才能有效控制成本。

在台塑企业内，最常讲的一句话是："多争取一块钱生意，也许要受外在环境的限制；但节省一块钱，可以靠自己努力，节省一块钱不就等于净赚一块钱？"

王永庆除了用单元成本分析和降低成本之外，更从建厂成本低、生产成本低、营销费用低等"三低"来降低成本。

王永庆自豪地说："我们台塑建厂时，有好多的设备都由台塑机械事业部自己制造，而且也建造得相当不错，甚至我们拿出来跟人比较，都会感到很骄傲的。还有，台塑在美国建厂时，很多机器都是由台塑自己设计的，而且，由自己的机械工厂制造并负责安装，受到美国方面的好评，这鼎足之势我认为是相当有成就。"

1984年5月动工，1985年完工正式生产的南亚印刷电路板厂，也是秉承台塑"经济、速度、确实"的一贯原则，在短短一年四个月内，仅仅花了8亿元，就把东南亚第一座全自动化的印刷电路板厂盖好了。

南亚投资兴建印刷电路板厂，在美国惠普科技技术指导下，台塑自行设计制程，寻找适当的机器设备，使台塑除了节省建厂成本外，对于电子技术的移转，获得了一次可贵的学习机会。

王永庆为了降低生产成本，从节约能源精减人员这两大方面去着手。

台塑如何节约能源呢？他们一方面从工厂室温观察，发现室温过高，以致影响操作人员的工作情绪与效率；而其原因是蒸汽管路及干燥机的保温材质欠佳，热量散出所致。经过彻底改善之后，不但有效杜绝热能的浪费，工作环境也获得相当的改善。另一方面，原来全部排放掉的摄氏80度的废气也加以回收，用加压法把温度提升到摄氏150度，而予以充分利用。

在1980年10月与1981年2月，台湾当局两度提高油电价格，对台塑的经营造成极大的冲击。在第一次油电价格变动前，台塑关系企业每年的能源费用是新台币53.8亿元，经过两次调升之后，能源费用增加至71亿，增加了17亿元，造成沉重的负担。

于是，王永庆下令采取下列三种方式，全面推动"节约能源运动"。

第一，成立能源改善专案小组，负责各单位本身有关能源改善事项，不断自行检讨，以求改善的持续进行。

第二，集合各事业部能源改善专员，赴各厂产地了解各厂能源改善的执行情形，一方面学习他厂的长处，一方面提出建议以促进各厂的改善。

第三，举办征文、标语及海报比赛，使节约能源观念深植每一位从业人员的脑海中，以促进全员对节约能源的重视。

经过台塑全员的努力，该年改善效益高达12.68亿元，抵消了因油电涨价所增加的大部分能源成本。

对于精减人员，王永庆曾公开说："为了提高工作效率，因应对不景气的冲击，台塑企业预计使同一生产单位的人数，减少原来的1/3，甚至1/2。"

为了使人力能够充分利用，台塑订定了标准工作量。以一天上班8小时，实际工作时间八成来计算，每天6.4小时，那么，每人每月便应该有160小时的工作时间。

以台塑的修复人员为例，由于修复人员所做的工作均须填修复单，详细记载修复设备、部位、工时，所以评估人员将一个月修复单上的工时相加，若超过160小时，便有绩效奖金，若不到160小时，就得检讨。

评估人员把台塑2300多位修复人员每月的实际工作时相加，结果低于标准。那是因为修复人员工作不力呢？还是因为修复工作原本就不需要那么多人呢？最后台塑决定，一方面要求修复人员每人达到标准工时；另一方面大量裁员，大约要裁掉四成，也就是920人。

以台塑关系企业台化为例，在1985年初员工总共有8900人，到了当年12月底只剩下7500人。换言之，在一年之中，精减了1400人，约达一成六。

台塑关系企业总经理王永在说："在各项节约成本的措施中，以'精减人员'最重要。适当地精减，不但可以节省不必要的支出，同时还可以提高员工的工作士气与工作效率，一举两得。"

在降低营销费用方面，台塑给我们树立了良好的榜样。

台塑节省营销费用很有名的。若干年前，台塑有4位主管因公请3位客人吃饭，结果，一顿西餐吃下来，一共花了两万元。这件事情被王永庆知道之后，不但把4位主管叫来狠狠地训斥一番，还处罚了他们。

王永庆对部属如此，那么对自己如何呢？他的应酬地点多半在台塑大楼后栋第13楼的自家台北招待所内。台北招待所内备有厨师、女侍，在这里宴客，除了具备卫生、可口等优点之外，最主要的就是节省。

还有，一般大企业都配发高级主管人员轿车以代步，台塑基于节约的理由，不但处长级没配轿车，连经理级也没有。

据说，台塑关系企业的一个信封通常可以用三十次，访客的招待一般是白开水一杯。

如上所述，台塑就靠这些点点滴滴的节省，大大地降低了他们的营销成本。

总之，台塑就是从建厂成本低、生产成本低、营销成本低等这三低来降低成本。王永庆语重心长地说："企业为了保持一定的利润，就必须全面研讨降低成本的可能性，并且努力追求，此一工作可能就是企业营运中最辛苦、最困难的工作。而实际上，这也是企业永无止境，继续不停追求改善，谋求合理化的原动力。"

客户就是市场

1986年3月4日，当代管理大师彼得·洛伦奇和王永庆在《经济日报》展开一场经营管理的对谈。

洛伦奇对王永庆说："欧美有许多公司犯了一项大错误，就是太注重所谓市场，却忽略了要先了解客户。因为了解客户的需求，才会使公司寻求出更正确的业务推进方法。"

王永庆同意道："什么是市场？客户就是市场嘛！不掌握客户，就没有市场。"

在商场上，我们常听人家说"客户是王"、"客户永远是对的"，为什么客户一定至上呢？王永庆以付钱和收钱的妙喻来说明。他指出，付钱的（指客户）一定是拿着钱在上面，收钱的（指卖者）一定是伸手在底下接，手在底下接是表示礼貌；绝对没有倒过来的，倒过来就拿不起来了。

王永庆说："中国人的祖先说过，众人皆知'取'之谓'取'，但大多不知'与'之谓'取'。经营企业如果只做单向思考，一味要从客户方面求'取'自己的利益，实际将无法'取'得最大的利益。唯有懂得适度给'与'顾客利益，帮助也顺利发展，使彼此的业务都能持续扩充，循此途径才能真正'取'得自己的最大利益。"

王永庆经常勉励业务人员要了解"客户至上"的道理。他说：

"台湾有一句俗话：'卖也要吃，买也要吃。'买卖双方都是要追求最高的利益。业务人员必须了解'客户至上'的大道理，他受雇于公司，本来要百分之百站在公司的立场，一心一意为公司谋求利益，现在要做公司和客户的桥梁，是否要各分百分之五十呢？不是这样，既然'卖也要吃，买也要吃'，业务人员就应站在中间做桥梁，要为两方各追求百分之百的利益才对。"

举凡民生所需的各种产品都要透过业务人员，才能顺利地把产品从生产者转送到消费者手中。所以，业务人员是公司和客户之间的桥梁，一定要站在两者的中间，使买卖双方都居于平等的地位。

鉴于服务必须周到，王永庆把客户的诉怨当成"宝"。

他表示，同种类的产品，日本货比我们卖到更好的价格，原因就是他们的品质比较好；而他们的品质之所以比我们好，就是因为他们把客诉当成"宝"，当作改善产品品质的重要参考资料。可是，我们一接到客诉，脸色就变了，而且常常不了了之。

王永庆说："身为营业人员万一遇到产品品质不符客户要求的事件时，应该在客户面前担当起来，诚恳地道歉，并立即设法调换或谋求其他解决办法，回头再反应给工厂要求改善，千万不可在客户的面前数落工厂的不是。"

为了服务客户并且拓展业务，王永庆特地盖了一层具有"展示屋意义的招待所"。

台塑的"台北招待所"坐落在台塑大楼后栋的第13楼，占地将近400坪，分客房与餐厅两大部分。客房部有单人、双人、三人、贵宾房等共18间，还有供应早点的交谊厅；餐厅部有一间招待室、两间贵宾室，其他陈设与一般餐厅相仿。

多年来南亚公司不断地在开发系列的建筑与装潢材料，包括：舒美地毯、舒美壁纸、塑钢门窗、塑胶壁板、PVC硬质板、华丽地砖等，以及各式的组合家具，产品种类众多，所以，招待所内部的装潢，就充分利用南亚所生产的种类建材。

在招待所内，地上铺的是舒美地毯或台丽地毯；墙上贴的是舒美壁纸；窗框用的是塑钢门窗，并用立式百叶窗帘；天花板用的是塑胶壁板。家俱方面，无论是床铺、书柜、写字台，都由南亚组合家俱构成；南亚陆续开发成功的桌椅，也放置在招待所内各处。

在这一层招待所内，举目所见都是南亚的产品，所以，当台塑的客户投宿到招待所时，就像置身在一座活生生的大展示屋内，得以深入了解南亚各式各样的产品。

另外，王永庆曾经勉励台塑的干部们，要多多学习小贩沿街叫卖的生意之道。

他说："半夜三更听见卖鱼丸汤、肉丸、粽子的小贩，从很远很远的地方一路叫卖过来，及至由附近经过，又跑到很远很远的地方去，仍然可以听见他嘹亮的叫卖声。很少听见有人光顾，可是这些小贩还是一样沿街叫卖过去，不辞辛苦，没有劳怨。

"试想如果客户对我们的营业人员粗声粗气地说：'你马上来！'我们总会觉得他太没有礼貌，而在心里觉得不高兴；可是卖粽子的小贩绝不会有这些感觉，如果有人很粗鲁地喊叫'烧肉粽，来！'或'鱼丸汤，来！'他仍然会很快地回答：'我马上来！'或说'来了！来了！'声音非常柔和可爱。"

"为什么那些风雨无阻、沿街叫卖的小贩不觉得客人粗鲁、不礼貌？仍然以温柔的声音做他的生意呢？因为沿街叫卖了半天，好不容易才有人来光顾，当然要高兴了。这是做生意的道理。"

　　"我们的营业人员如果有这份认识，他的推销工作不知要愉快多少倍！每个人做事如果都能有这份心怀，他的工作不知会何等的成功！我们如果能够从这些小地方来比较一下自己的处境，我们就会一方面满足既有，一方面激励自己更进步。"

　　面对推销所遭遇的困难，王永庆既不气馁，也不担忧。他认为企业如果一开始就困难重重，当难关撑过去了，抵抗力因而养成了，一定会成功的；一开始就赚钱的企业是很危险的，徒然养成老人自恃的习气，也种下垮掉的因子。

　　他说过："卖冰淇淋应该在冬天开业。"冬天，顾客少，必须用心倾全力推销；并且要严格控制成本，节省费用，加强服务，使人家乐意来买。这样一点一滴建立基础，等夏天来临，发展的机会到了，力量一下子壮大起来，这时即使有竞争对手也不怕了。

　　他更说："天下事情，有没有实力，是最实实在在的事。怎样和人家竞争呢？就是你做的东西能不能更便宜、更好，最后是消费者承不承认你的问题。"

　　台塑每年的下半年，在深入调查客户的每月动态，并掌握客户的基本情况（如资金、设备）等资料后，便开始设计下一年度的营业目标。由于台塑能够确实掌握客户需求量的变化状况，因此，所设定的营业目标均极恰当。

　　管理大师洛伦奇对台塑的这种做法很称赞，他说："台塑这种做法非常好，非常有效果，很少有公司能这样做。"

洛伦奇建议台塑进一步深入追踪客户的客户，以便及早知道他们的需求变化。他以美国通用汽车公司为例说："例如卖原料给通用汽车的公司，如果能及早知道通用汽车要由生产大车转为生产小车的策略，那么可以及早跟随它政策的变化做变化。"

洛伦奇又举另一个实例说："因帆船采用PP板，所以游乐帆船产业的变化，也会影响台塑的业务，因此，帆船产业的变化也要密切注意，这就是追踪客户的道理。"

王永庆欣然接受洛伦奇的建议。

总之，王永庆所秉持"客户至上"的经营理念，包括了两大主张与四个要件。两大主张一是兼顾顾客利益，二是纾解客户困难；四大要件一是价钱要公道，二是品质要符合水准，三是交货期要准确，四是服务必须周到。他认为必须要符合这两大主张与四个要件才能达到"客户至上"的目标。

第三章 "非主流"名门少女

出身富豪之家的王雪红，童年时代没有享受到人们想像中那种奢侈豪华的生活。在王雪红的记忆中，她在这个家庭里自幼接受的是严格的家庭教育，享受的是节俭的生活。

请不要叫我"富二代"

1958年9月4日，其实是个再普通不过的日子。在台北锦州街，一个小女孩伴随着第一声啼哭悄悄降临到这个世间。此时她一定不知，这世上在发生些什么，也不知自己是谁的女儿。她的父亲，早已不再是经营米店的小老板，而是台湾首富，是企业的经营之神，有着令世人敬佩的名字——王永庆。而她，是王永庆第二个夫人杨娇所生的第三个女儿，名叫王雪红。

按现在的说法，王雪红是个不折不扣的富二代。她出生后，亦被世人赐予了天之骄女的称号。诚然，那时的王永庆已经有很多钱。王永庆大女儿王贵云曾经回忆说，我们家三楼卧室里有一个秘密通道，里面藏着一根根黄金，堆起来用布遮着。我父亲后来就是用这些黄金，发展了台塑和南亚台塑。在我们眼中看来，王雪红就是一个含着"金钥匙"出生的女孩。有着那么好的家世，吃穿用度皆不用愁，可以接受良好的教育，可以享受美好的生活。这一切的一切都令世人惊羡。

豪门是非恩怨多。王永庆共有3个妻子9个孩子。王雪红是第二个妻子杨娇的第三个孩子。在这样一个奇异的家庭，家族恩怨自是必不可少。王雪红自幼，便受到来自于这样的勾心斗角的折磨。王雪红曾说："我的童年并不快乐。"

王雪红自幼与母亲甚是亲近，她的母亲王杨娇是个漂亮善良的人，懂得隐忍和退让。王雪红的母亲杨娇本姓杨，因从小过继给廖家而改姓廖，但晚年她又改回原姓。因嫁给王永庆，所以她叫自己王杨娇。

因养父生病、家中无人种田，王杨娇12岁就开始养家。年幼的她做过很多事情。从织布到卖鱼、挑木炭，再到亲戚家里去做月嫂。最后，还去了一个日本高官家打工、做饭、记账。当时，她很羡慕日本高官家的女儿们可以弹钢琴。那位日本太太告诉她："你长相好，做事又很拼。有一天，你会有自己的钢琴，甚至过得更好。"王杨娇就把这句话深深地记在了心里。她默默地在心里发誓，将来她的女儿一定要学钢琴。

王杨娇19岁那年，台湾很多人因为战乱得了疟疾，王杨娇家也不例外。当时，王永庆在开米店。他拿了治疟疾的药给王杨娇和家人。并表示说，他很喜欢王杨娇，希望能娶她回家。王杨娇很感激他，就答应和他结婚。在王杨娇眼里，王永庆是一个顾家、孝顺、又聪明的人。"他的思想总是随着时代在变化。米店结束后，他做木材，又开砖场，直到塑料厂。"在做塑料厂之前，王永庆有一次载妻子回娘家。当时，他买了一辆大吉普车很风光。那时候，王杨娇感觉很幸福。王永庆当初做事情很拼命，二十多个员工中午都在家里用餐。王杨娇每天四点起来，一个人张罗三四桌菜。当时还没有冰箱，王杨娇一天要跑三四趟菜市场，跟王永庆一起打拼。怀上王文祥的时候，王永庆很高兴。这是他第二个儿子，王杨娇看到自己丈夫开心的表情，觉得很值得。可是有一天他突然变了，也开始不归家了。王杨娇听到一些风言风语。直到有一天，王永庆在家里，对她说，外面的女人问他，如果爱他，为何妻子还会怀孕？她就不得不面对丈夫要有第三房太太的可能。

王杨娇答应和王永庆结婚的时候，并不知道他有妻子。后来王永庆才告诉杨娇他有太太，结婚13年但没有儿女，希望她可以嫁给他，他会跟太太离婚。王杨娇答应了。可是王永庆的父亲不赞成他离婚。杨娇也认为，没有孩子并不是她（大房郭月兰）的错。她理解大房的痛苦，丈夫有别的女人，膝下又没有儿女。所以过门后，对待她的谩骂，杨娇一直默默忍受，唯有待她更好才能减轻自己的愧疚。

而现在，她遭受到了当年大房的待遇。心里也是无比的心酸。谁也不想自己的丈夫拥着另外的女人。可他是王永庆。她没有办法，她越来越觉得自己没有价值，而在家里也无法进步，必须侍奉祖母、照顾亲戚和孩子，几乎每天都以泪洗面。

这一切，都被懂事的小雪红看在眼里。她发现，大娘经常骂妈妈，而三姨仗着父亲的宠爱，也常常不把妈妈放在眼里。妈妈却依然对大娘很好，任劳任怨地照顾家里。小雪红心里知道，妈妈是很爱爸爸的。王杨娇对小雪红说，要忍。

母亲在家庭教育中的重要地位作用是任何人都无法取代的。抚养孩子是母亲的天职工作，母亲对于社会的最重要的一种贡献，就是在孩子的幼年阶段，向他们传递自己对于人类思维成果和行为方式的理解。确实，母亲的言行，对孩子形成自己的思维和行为方式，起着相当重要和直接的作用。所以，王杨娇的这些行为，潜移默化中已经深深地刻在了小雪红的心中。直到后来，有人采访王雪红时，她说影响她最深的是母亲。

王杨娇是典型的台湾传统女性，任劳任怨，温柔豁达。

王杨娇是个闲不住的人，一直求上进，希望自己可以做一个对社会有贡献的人。在家中即使要照顾亲人很忙，也要抽中午大家午睡的时间，学中文、学圣经、读英文。这个行为对王雪红影响很大。她抓紧一切可以学习的时间，使自己进步，提升自己的价值。

小雪红继承了妈妈的漂亮聪明，也学会了妈妈的忍让和上进。王雪红在小的时候就开始和姐姐们一样，学芭蕾，学钢琴。雪红并不知道为什么要学那些，每天都累得腰酸背痛，手指麻木。有天她问王杨娇原因。王杨娇便跟她讲了当年的心愿。王杨娇告诉女儿，从那时起，她就知道教育的力量。日后无论环境如何艰苦，她都坚持让自己的孩子们读大学、弹钢琴、跳芭蕾。听完妈妈的话，王雪红便放下了自己心里的不愿，更加刻苦地学习。而后来，她越来越喜欢钢琴，喜欢古典音乐，愿意一生一世畅游在莫扎特、肖邦的世界中，梦想成为一名优秀的钢琴家。这是与小时候的熏陶分不开的。

最像爸爸的女儿

前苏联著名教育学家苏霍姆林斯基曾把儿童比作一块大理石，他说，把这块大理石塑造成一座雕像需要六位雕塑家：1.家庭；2.学校；3.儿童所在的集体；4.儿童本人；5.书籍；6.偶然出现的因素。从排列顺序上看，家庭被列在首位。

家风通过日常生活影响孩子的心灵，塑造孩子的人格，是一种无言的教育、无字的典籍、无声的力量，是最基本、最直接、最经常的教育，它对孩子的影响是全方位的，孩子的世界观、人生观、性格特征、道德素养、为人处事及生活习惯等，每个方面都会打上家风的烙印。可以说，有什么样的家风，就有什么样的孩子。

家庭教育中，最重要的就是父母的教育。父母的陪伴之所以重要，那是因为父母在家庭所营造的环境构成了孩子的后天遗传。

出身富豪之家的王雪红，童年时代没有享受到人们想像中那种奢侈豪华的生活。在王雪红的记忆中，她在这个家庭里自幼接受的是严格的家庭教育，享受的是节俭的生活。

王永庆认为孩子们自幼应受到好的教育，养成良好的生活习惯，尤甚注意培养子女们独立自主的能力。王永庆对儿女们用钱方面做了很严格的规定，不让他们从小养成享受优裕舒适生活的坏习惯。子女不是在学习方面买用品是不给钱的。王永庆时时要求孩子们不要贪玩。在王永庆看来，小孩看电影就是浪费时间，因此不准他们看电影。

王永庆一生简朴，尽管坐拥亿万资产，却从不奢靡，他对于吃的原则是"简便"，每天早上的公司会议，王永庆会享用并不丰盛的早餐：牛奶、咖啡和鸡蛋。他喝咖啡的时候有一个习惯，把奶精倒入咖啡后，一定会再倒入些许咖啡到装奶精的小盒子，将残留奶精涮出来再倒入咖啡中，确信没有浪费后，才慢慢地享受。除了商场的必要应酬外，王永庆很少去碰那些山珍海味，他最常吃的就是台湾最为普遍的家常卤肉饭。对于穿的方面，王永庆一直以"整洁"为标准。他每天早上跑步穿的运动鞋，总是要穿上好几年，直到磨破了，不能再穿了，才会换掉；而一条运动时用的毛巾，他居然用了近30年；他的座驾是一辆1988年产的凯迪拉克，20年来一直使用着。每次到台塑旗下的酒店、宾馆、企业视察，王永庆必然会到洗手间走一趟。看看里面是否有没用完就丢到垃圾桶的小肥皂。如果有，他便会立即叫人回收起来，再重新融在一起继续使用。他生活之俭朴和工作之勤奋，在台湾企业界人士中恐怕无人能及。

在王永庆勤俭习惯的影响下，王家的子女从小就知道生活不可以浪费，不讲吃穿，够用就好。王雪红在中学期间，一直打扮朴素，生活简朴，任谁也不会想到她是亿万富翁的女儿。

王永庆的刨根问底精神是他成功的必备条件之一，在对待子女上，他也是有疑问就一问到底，事无巨细方方面面都会问得一清二楚。他给孩子们的生活费都是刚刚好，这就截断了子女乱花钱的源头。

王永庆每天三点半起床去跑步，做毛巾操，从不间断。所谓的言传身教也大抵不过如此。

在台北锦州街道上，每天清晨，当东方的天空刚现出鱼肚白，王雪红就起床同父亲一起跑步，凌晨三四点，街道上几乎没有人，父女二人神清气爽，边沿着街道慢跑边聊着天。这对于王雪红来说，是难得同父亲交流信息和谈心的好机会。因为在白天，王雪红根本没有见到父亲的机会。而在这凌晨无人的街道上，王雪红从父亲那里所学到的东西，是在学校的课堂上根本得不到的。

在说到影响孩子成长的话题时，母亲总是首先被提及。在母爱的光辉下，父亲对孩子的影响力似乎被淹没了。其实在人类丰富而复杂的感情世界中，父爱是一个非常重要的因素。著名心理学家格尔迪说："父亲的出现是一种独特的存在，对培养孩子有一种特别的力量。"父亲的影响力构成了孩子性格的良好发展，父亲的影响可以减少孩子好斗与暴力倾向，可以培养孩子的情绪控制力，判断力及增强孩子的自信心！

王雪红正是实例。作为"最像父亲"的女儿，在潜移默化中，王雪红继承了父亲的勤劳简朴、热爱运动的优点，也为以后的创业生涯打下了基础。

"铁血教育"的磨炼

王永庆15岁辍学后就没再接受过学校教育，自然知道知识的重要性。对于王永庆这样事业成就已成格局时，下一代能否成才往往会凸显成自我实现的关键坐标。中国有句古训：富不过三代。因此，第一代创业人也普遍通过加强对子女的教育来实现事业或精神的传承。企业发展是与知识分不开的，所以一开始，王永庆对子女的教育就非常重视。

在王雪红之前，王永庆已经有几个孩子。台媒报道称王永庆的教育为"铁血教育"，由此可窥见其对子女的严厉。在长子长女小的时候，王永庆就早早把他们送去国外读书，目的就是让他们多多历练，多受苦，培养毅力和独立。当年长女王贵云出国时，连一句英文也不会说，住校时更是受到当地学生的欺侮，而王永庆听到这个消息后，反应却是"It is good!"王永庆一直相信，唯有吃苦，孩子才能独立，要经过许多困难，才能培养出毅力。

我们也可以看出，作为王家的孩子，出国留学是必须的。王永庆一直主张儿女需要独立自主，开阔眼界。王永庆的思想一向是与世界接轨，对子女的教育理念中，最重要的一条是要培养其独立精神。

不止王永庆，许多大企业家都非常重视子女教育。与王永庆齐名的富豪李嘉诚，对待子女也都是严格教育。

李嘉诚曾说过：对子女的教育，99％应该教他们做人的道理，即便是他们成人后，也应该是三分之二教他们如何做人，三分之一才是教他们如何做生意。所以李泽钜和李泽楷从小就接受父亲这样的教育——要真正做一个好人、做一个正直的人，然后才是做一个成功的人。做正直的人必须不贪图小利，多为别人着想，而做一个成功的人，必须勤奋努力，诚实守信。李嘉诚从来都不娇惯儿子，他坚信，教孩子学会自立自强，学会做人处世，比给他金山银山要强百倍，所以，两个儿子从小就被要求克勤克俭，不求奢华。

李泽钜和李泽楷虽然出生在大富之家，却很少有机会享受奢华的生活。他们小的时候，李嘉诚很少让他们坐私家车，却常常带他们坐电车、巴士。有一次，李嘉诚看到在路边摆报摊的小女孩边卖报纸边捧着课本学习，就特意带两个儿子经过这个报摊，让他们学习小女孩认真学习的态度。

李家兄弟在香港圣保罗男女小学上学，在这所顶级名校里，许多孩子都是车接车送，满身名牌，可他们却经常和爸爸一起挤电车上下学。以至两个孩子经常闷闷不乐地向父亲发问："为什么别的同学都有私家车专程接送，而您却不让家里的司机接送我们呢？"

每次听到兄弟俩的质疑，李嘉诚都会笑着解释："在电车、巴士上，你们能见到不同职业、不同阶层的人，能够看到最平凡的生活、最普通的人，那才是真实的生活，真实的社会；而坐在私家车里，你什么都看不到，什么也不会懂得。"于是，两个孩子和普通家庭的孩子一样，在拥挤的电车里一天天长大。那些神色匆忙满身疲倦的成年人、那些和他们一样挤电车的孩子，让他们懂得，真实的生活充满了辛勤和劳累，安逸和奢侈并不是生活的常态。

世界首富比尔·盖茨与妻子都十分疼爱自己的孩子，但是在满足孩子们的一些要求上，他们绝对是一对吝啬鬼。比尔从不会给孩子们一笔很可观的钱，当小儿子罗瑞年幼还不会自己花钱，而女儿珍妮佛已经可以拿着一些零用钱买自己喜欢的东西时，罗瑞老是抱怨父母不给自己买他最想要的玩具车。比尔有自己的说法，他认为：再富也不能富孩子。

对于大多数的富豪来说，对待孩子，最紧要的一条便是，不要做温室里的花朵。梅花香自苦寒来，宝剑锋从磨砺出。唯有吃得苦中苦，才能方为人上人。

在王雪红之前，王永庆的几个孩子王贵云都是去英国留学。一开始王雪红也以为自己会去英国和哥哥姐姐团聚，心里是十分开心的。她已经很久没有见过哥哥姐姐了。

结果有天爸爸告诉她说："雪红，我要把你送到美国去留学。"

雪红很是不解："阿爸，为什么哥哥姐姐当初都是在英国，而我却要去美国呢？"

王永庆说："雪红，你哥哥姐姐像你这么大的时候，世界的经济重心还在英国，可是现在世界的经济重心已经慢慢转移到了美国。我希望你可以到美国，去接触最先进的文化和思想，去开阔眼界。"

事实也正是如此。那个时代是美国经济崩溃重组的年代，是价值观念崩塌再形成的年代。当时的社会思潮关键词无疑是混乱和变革。

许许多多的信仰崩溃，许许多多的新鲜的价值观出现。小雪红在这里学到的不仅仅是知识，更重要的是一种精神，一种内在的提升。

人类的视力接受范围是180°，在自然界的生物之中不是最具优势的。然而，人类在进化与文明的道路上却走得最远。也许眼界与生俱来无法改变，但决定高度的，往往是后天形成的视野。

自遥远的古代起，人们就以"井底之蛙"的故事训诫子孙开拓视野的重要性，因为一个人的学识、品德与胸怀都与他的视野大小密不可分，而不是与生俱来的，只有我们眼中之所见方能成为心中之所感。不开拓视野，就连天资聪颖的方仲永也终将碌碌无为。因此，开拓视野、向外界索取是充实自己的唯一途径。有人说，把自己之所得比作一个球体，球的体积越大，与外界接触的面积也就越大。外界远比内部辽阔，开阔视野没有尽头，就连百川灌河的黄河之神也会遇到使之自惭形秽的大海。开拓视野、不断求索是充实内在的必要条件。

然而，反过来，有人说"心有多宽，路就有多宽"。同样的，一个人眼中视野的大小，往往取决于他内在视野的广度。井底之蛙为何终日只得见到那一方小小的蓝天？不是它没能力跳出井的桎梏，而是它心中的天空就止于那区区几寸，那么又有什么跳出来的必要呢？古人云，"相由心生"，行动的前提是思想，一个人不断向外界探索的前提是他心中对未知的好奇与渴望。如果内心对视野的要求只在于区区几寸，那么眼中的视野怎可能是广阔无垠的呢？综合地说，眼中的视野开拓了内在的视野，而内在视野的开拓是我们对眼中视野有了进一步的要求，从而促使其进一步的开拓。两者相互促进，良性循环，使志者增其志，智者增其智，不亦说乎？

前辈教导我们，"书要有选择地精读"，然而视野却是要广泛地接收。孔子东游，一路上广交好友，看遍大好山川，总结出无数深刻哲理；然而，这一路上更有隐士不屑的嘲讽、政治家们的不理解与"苛政猛于虎"、"路有冻死骨"等惨象。就是这种种景象的叠加，促使孔子对人生万物有了更加全面、深刻的理解与诠释。我们的视野中应有小桥流水，春色桃花，也应有古来眉头紧锁的"忧士"眼中之所见。当然，视野中的所见要有所认知、有所辨别，但尊重世间百态本身的客观性，也是开拓视野的基本原则。

王雪红当时是很开心的，因为二姐在美国。她终于可以同二姐见面了，由于二姐常年在外读书，小雪红见到她的机会非常少。这次去美国，她就可以跟二姐住在一起了。想到这些，她便开始预见自己在美国的美好生活。

的确，王雪红刚到美国的时候是跟二姐王雪龄住在一起。两姐妹有过一段非常开心的时光。日子虽然不尽如人意，但也不那么困苦。但是后来由于工作原因，王雪龄去了别的州，王雪红就被寄宿在了旧金山一个犹太人家庭。这位犹太人是王永庆的友人，曾受过王永庆的恩惠，所以王雪红在那边，生活上并没有什么难处。

但是那个时候留学热潮并没有兴起，空旷的学校里，只有王雪红一名中国学生。她时常感到寂寞，开始想家想妈妈。她担心妈妈在家里过得不好，受人欺负，也挂念自己可爱的小弟。

而这个时候的王杨娇，在台北的家中深觉自己的价值没办法得到实现，加上内心的失落和伤心，也萌生了去美国的念头。她回想起那天和孩子们偷偷去看的一场电影，那是一部黑白的战争片。"我真的很想像战士那样在战场，而不是在家里打仗。"

1975年，王雪红考上加州柏克莱大学。王雪红的哥哥王文洋，在取得英国伦敦帝国大学化工博士、企管硕士后，也决定去美国发展。得知这个消息后，王杨娇决定带着最小的孩子王文祥一起去美国，她身上只带了3000 美元。

这个时候，王杨娇和自己的五名子女，已经全在了美国。

王杨娇到美国的时候，王永庆并不知道妻子会留在美国，所以没有给多余的钱，倔强的王杨娇也不想开口找他要。"带着9岁的孩子，我必须安定下来，每天都哭。"晚年的母亲如此向王雪红讲述："这样的情形一直持续到会说第一句英文为止。那时，王雪红还在念书。王杨娇就和女儿贵云、雪龄商量，拿了雪龄和贵云的嫁妆三万美元，当首付款买了柏克莱的一套房子。屋子后街有一个牧师，他总和王雪红一起鼓励母亲王杨娇去读书。后来，王杨娇就每天走半小时，到柏克莱大学前的成人学校读英文。王杨娇50岁开始学英文、60岁开始学车。"当时交到很多知心朋友，也学会了自力更生"。

王杨娇的这种不服输、勇于向上的性格也在潜移默化地感染着王雪红。

认真是生存的态度

小小年纪去留学，一般有两种结果，一种是孩子忍受不了孤独而产生心理抗拒，变得脆弱容易受伤害。另一种是孩子的意志得到锻炼，变得更加独立和坚强。王雪红显然是属于后者。

当时的中国留学生并不多，学校里的学员大多来自北美和亚非拉其他国家，全校只有王雪红一个中国人，王雪红生活感到了寂寞，但是她学会了激励自己："要学习让别人接受自己，学习在寂寞的时候找一些事来做。"在那段日子里，王雪红最喜欢一头进扎伯克利莱华人社区中心的图书馆，图书馆里的书林林总总，在那里能接触到许多以前在台湾见不到的文学书，王雪红捧一本书窝在角落里，就能够泡一整天，她喜欢读鲁迅、巴金、余光中的散文和小说。这些大师的作品，让她在课余时间找到了感情的归宿。

王雪红的家信是写得最多的，她那时还只是个十几岁的小姑娘，还不能很理智地接受一个人在异乡漂泊的事实，所以当她觉得孤单苦闷的时候，就总是写信。当收到父亲从台湾寄来的信的时候，她是最激动的，会悄悄地哭上几天，然后将写得满满的几页长信再寄给父亲。虽然眼前的生活令她孤单苦闷，但是她很少提到，更多写的是向父亲请教解决问题的方法以及她在经济课上遇到的难题。王永庆会很积极地同女儿交流，告诉她一些使她受益终生的方法和心得。通过与父亲的交流，小小的王雪红开始变得坚强起来。

王雪红时常会想起小时候父亲王永庆给他们讲的故事：我们都知道刚孵出来的小鸡很脆弱，它没有办法吃养鸡人喂给它的米粒。这样老母鸡见了，就会过来把那些米粒给它嚼碎了，然后再用口水润湿米粒，再分别喂给刚孵出来的小鸡。可是，一旦等到那些小鸡仔们长大的时候，小鸡们还想等母鸡来给它们喂食，不想老母鸡却告诉小鸡们说，我从此再也不会喂你们吃东西了，因为你们都长大了，嘴也好使了，为什么还要等我来喂呢？

这个含着"金钥匙"出生的女孩，在被父亲"扔"到美国留学后，迅速地成长起来，离开父亲的庇护，她被磨炼得更加独立自主。

经常拿来和王雪红作比较的，是香港首富李嘉诚的儿子李泽楷。当初也是去美国留学，两人有着相似的家境和学习轨迹，也有着相似的对待困难的态度。

在美国的第一年，是李泽楷一生中最孤独的岁月。在这个离家万里的陌生地方，没有知心朋友，没有随叫随到的佣人，也没有父母无微不至的照顾，一切都要依靠自己去打理。李泽楷初到美国，晚上睡觉的时候，看到四周无人，终于"哇"的一声哭出来，这个被逼迫自己面对生活，一夜间成长起来的孩子，才13岁。

虽然从3岁起李泽楷就跟从外籍英文教师学习英文，但是由于缺乏语言环境，李泽楷的英文并不太好，所以来到四周都是讲英文的环境里，他感到很难与人沟通，于是小泽楷每天晚上的必修课就是打电话回家与母亲谈心。母亲庄月明心疼小小年纪的儿子，每次都在电话里安慰他，鼓励他，并且提醒他们兄弟俩要多学中文，故此还要求他们兄弟二人的家信要用中文表达，如果文字不通顺，母亲会帮助改正再寄给他们学习，真可谓用心良苦。就这样，李泽楷在最孤独的日子里依靠母亲的鼓励渐渐地成长起来。

幸好从小就受英文的教育，再加上自己的一点小聪明，李泽楷在经历了一段很苦的日子之后，不久他就能够熟练地使用英文，完全适应了在美国的学习生活。

李泽楷虽然把他在美国留学的日子称为"人生的孤独的日子"，但是，这个自由的国度，更适合李泽楷特立独行的性格，这里没有人知道他是李嘉诚的儿子，他也不用再按照条条框框做这做那，不必再被父亲"指手画脚"。

李泽楷开始学着独立生活，在香港时，他的生活是衣来伸手，饭来张口。现在他的一切生活都要依靠自己，自食其力。对于一日三餐，他不去餐厅和快餐店，而是按照母亲教的方法，上街买来菜和大米，然后亲自下厨，从最简单的蛋炒饭开始学起。第一次做饭的经历是失败的，他把饭做糊了。于是采取补救措施，拿起瓢舀了一瓢水，在饭的四周撒了一圈。最后米饭是焦黄的，李泽楷却觉得格外好吃，因为这代表着他能够独立生活的开始。

天行健，君子以自强不息。

如今的社会是一个充满竞争的社会，优胜劣汰，弱肉强食。我们越早学会独立，就能越早适应社会，越早抓住时机。陈寅恪说过：

"人应当有自由之精神，独立之人格。"梁启超也说过："少年独立，则国独立。"命运如歌，却没有永不变的调子，我们可以用勇气去把握它的起伏；命运如轮，却没有永不变的方向，我们可以用勤奋左右它的走停。我们要依靠勇气与勤奋，成为一个有着独立人格的人才，去扼住命运的喉咙。

不得不说，留学的这段生活是王雪红性格成长的最佳培养期。离开了父母的怀抱，开始真正地面对这个世界，独自担当。家信一封又一封，向父亲诉说着美国的一切，自己的一切。而父亲的回信，那么长，最后都成了无价的宝藏。王永庆要求王雪红写家书，只有写家书，才会有生活费。王雪红的信中，还要报告花了哪些钱，甚至连买条牙膏都要写上去。

少年时期的王雪红对于父亲的信，其实并不是很好懂，因为王永庆的字很草，写的又深，晦涩难懂。但是王雪红对于每一封信都是认真读下来的态度。王雪红没有想到，正是这些书信对她此后的人生产生了极大地影响。在不断地言传身教中，王雪红的性格和做事风格也不知不觉间向王永庆靠拢。

我不适合学音乐

凡是那些在事业上有所成就的人，都不是人云亦云者，他们有自己的主见。王雪红亦然，大概很少人会了解，这个后来创立了一个IT王国，被称为科技界"最有权势"的女人，最初的理想是钢琴家。

王雪红很喜欢钢琴。王雪红从小就弹得一手好钢琴，经常参加学校的音乐比赛或演奏比赛，还想方设法地加入到全美排名数一数二的伯克利分校的音乐系创作组。梦想总是美好的。怀揣着成为世界一流钢琴家的梦想，王雪红步入了大学。在她看来，大学里的天是蓝的，云是白的，太阳是暖的。一切都是那么美好。

在伯克利大学读书期间，王雪红的课余生活非常充实，那时候她对经济并没有多大的兴趣，在课余不是去图书馆看文学书就是听音乐。

在音乐系，王雪红大开眼界，见识到了深厚而宽广的音乐殿堂。一开始，喜欢古典音乐的她花了很多时间去练习钢琴。但是在这里，她发现自己的那一点音乐天分同那些音乐天才差得太远了，自己的作曲水平同人家相比就是天壤之别。

一开始，王雪红花了很多精力去练习钢琴，但她很困惑，她发现自己作曲，要想很久才能写出一个句子，而别人毫不费力就轻轻松松写出来了。她忽然意识到："我发现凡是著名的音乐家都有两个共性，一是非常认真，二是很有天分；可我发现自己恰恰没有这个天分。钢琴家就像网球手一样，全世界只有几个是最出众的，我觉得自己有点儿太不现实了。"王雪红忍不住暗自为自己的幼稚想法感到好笑，她觉得自己根本不是搞音乐的那块料，更别谈成为世界知名的钢琴家了。

于是，在音乐系仅仅学了3个星期，认识到这并不是自己应该发展的方向后，她立刻同自己的导师进行了一次长谈，然后决定转到了经济系。

尽管如此，喜欢文学的王雪红还专门选修了英国比较文学。她说："小时候，我觉得自己像一块海绵，总是在四处吸收东西。"伯克利大学在王雪红的眼里，是非常自由的，"那里有许多古怪但十分有趣的人，没事的时候，我就在各个系里转。那时我还常去听台湾作家白先勇的课。一个人在美国，时间有很多，所以什么都想去尝试"。

有定位，人生才有方向，有方向才能抵达成功的岸边。每个人都有自己的强项和弱项，如果抱着自己的弱项不放，那就荒废了自己的强项。人生的成功，很大程度上取决于自己对强项和弱项的抉择，也就是找到你人生的长板，去不断加长它，让它成为不可替代的优势。

万通企业集团的常务副总裁易小迪，是地产界久负盛名的"万通六君子"之一。曾经少年多梦的他，在南宁的商海中，尝试过很多行业，农业、房地产、制药、百货、文化传播，甚至筹划过航空货运业务。但是，在市场上都没有划出什么亮点，万通公司也只是一个名不见经传的普通公司。经过10年的摸索和历练，易小迪顿悟了：经营一家公司，最大的问题不是能干什么，想干什么，而是适合干什么。

经过冷静的思考，也经过反复权衡，易小迪凭着自己对地产业的理解和领悟，在1998年决定选择房地产业作为自己和万通公司的发展方向和主营业务。

确定了发展的战略目标后，易小迪分析了自己的优势与劣势，优势是自幼博览群书形成的思想智慧，劣势是缺少雄厚的资金和商场上惯有的"心狠手辣"。然后，他开始发挥自己的优势，调动自己就读经济学硕士的知识与才能，着力在资源整合上谋求突破。甚至连佛学上的"舍得"佛理、"傻瓜相机"的模式都为他的新思路提供了启发。

新思维和新策略不断涌现，易小迪一反房地产开发中"什么好卖做什么"的习惯的思维和模式，以"为年青的中国，为中国的青年"为理念打造了"阳光100"品牌。"阳光100"只做自己擅长的，把房地产产品定位聚焦在"城市新兴白领公寓"上。为了不断提升产品品质，"阳光100"在国内首开"与大师对话"先河，引入约翰·丹顿、安藤忠雄、马坦·豪等众多国际顶级建筑大师，在世界级的平台上开展产品设计的招投标工作，打造建筑与艺术相结合的现代住宅，有力地促进了城市形象与居住品质的提升。"阳光100"时尚、大气、张扬的产品风格，传递着其"更简朴、更自由、更青春"的品牌价值观，两者的合力使其进一步赢得了消费者的青睐，获得了市场的成功。由此，万通公司掀开了新的发展篇章。

当然，无论是给自己还是给企业定位的时候，都难以避免会走一些弯路，但我们可以选择及时停止。弯路走得越短，距离成功就越近。只是现实生活中的我们，常常会囿于眼前的利益、别人的言论等，而迷途不知返。

王雪红最初的理想是当一个钢琴家，这个理想同样具有闪闪发光的魅力，但是在她发现自己根本不适合搞音乐的时候，立即就更改了自己的航向。如果你没有王雪红的勇气和魄力，起码要在选择的时候，静下心来审视一下自己平时的性格，或者向朋友了解一下他们对自己的看法，这都可以帮助你认识自己，给自己一个更准确的定位。

现代社会中的每一项产品都有它的定位，成功的产品必须以成功的定位为前提：它是针对哪一类人的哪一种需求设计制造的？它被锁定在哪一个市场中的哪一层价位上以吸引人的注意和喜爱？人也一样，只有找到你适合的，才能在这条路上越走越远。

或许是上天不愿意放弃一位商界奇才。王雪红常年受父亲的熏陶，骨子里继承了父亲的经商热血。一开始，便毫不犹豫地选择了经济学。

攻读经济之后，王雪红的大学生活开始顺风顺水。柏克莱大学宽松的学术环境正好符合了她一向热爱自由的脾性。她没事就到各个系里转悠，总能发现许多"古怪又十分有趣的人"。

她还选修了自己感兴趣的英国比较文学，是图书馆的常客，爱读尤金·奥尼尔的剧本和狄更斯的小说。对三毛成长影响颇深的台湾作家白先勇开课，喜欢文学的王雪红也总去听讲。一个人在美国求学的日子，王雪红总是把自己比喻成"一块海绵"，迫不及待地四处吸收各种知识。

钢琴家梦想的破灭，算是王雪红人生的一个转折点。要不然现在的情况可能会是世界上多了一个二流音乐家，却少了一个商界奇才女。

为自己设定一个行动目标，并通过坚持不懈的努力去实现自己的人生理想，这便是人生定位。一个人能否成功，不在于他有多少有利条件，而在于他如何认识和期待自己。一个准确的定位，有利于激励自己的进取心，促使自己在人生的道路上奋勇前行。

每个人的自我定位都不同，只有准确地定位自己，才能成就人生。比如，有的人渴望成为一名外交家，他就会着重挖掘自己这方面的才能，补充与之相关的知识，有的人想当一名数学家，他就会刻意地培养自己的逻辑思维能力、计算能力等相关能力，有的人想当一名光荣的教师，他就会在提高自己的基础上，有意识地培养耐心和口头表达能力。因此只有合适的定位，才能最大限度地调动一个人的积极性，发觉他的潜能。

但是在现实生活中，很多人没有树立明确的工作和学习或目标，总是抱着得过且过的心态，这其实是对他自己不负责任的表现。一个人要想干一番事业，实现自己的人生价值，首先要充分地认识自己，尤其是了解自己的特长和天赋。而了解自己的特长和天赋，并在他们的引导下挖掘别的长处，就要明白自己的劣势和缺点，虚心改正，这样才能做到扬长避短。相反，一个没有生活目标的人，最终必定一事无成，遗憾终生。

人们曾请艾萨克·阿西摩夫简述一下自己的经历，他写道："我决定从化学方面取得哲学博士学位，我做到了；我决定娶一位非同寻常的姑娘，我做到了；我决定写故事，我做到了；然后我决定写小说，我做到了；以后我又决定写论述科学的书，我也做到了。最后，我决定成为一位整个时代的作家，我确实变成了这样一个人。"

这些幽默打趣的话，只有自信十足的人才能说得出来。

阿西摩夫的自信不是没有道理的。因为他有自知之明，加上他拥有实力雄厚的知识。而他最先提出的"知识就是力量"这句名言则早已成为家喻户晓的真理了。

这位生物化学副教授曾在波士顿大学的实验室里工作着，但是他却在那儿断定：自己的前途是在打字机上，而不是在显微镜下。他回忆道："我明白，我决不会成为一个第一流的科学家，但是我可能成为一个第一流的作家。就这样，我做出这样的选择：决定做我能够做得最好的事情。"

于是，他以惊人的速度不停地写啊、写……；不，更精确地说，是在打字机上打啊、打啊……他的大脑和双手一样，简直没有停歇的时候。因为在他脑海中，同时酝酿的创作题材从来不少于三个。一星期七天他总是坐在堆满了各种各样的书籍报刊的办公桌旁，每天至少打字八小时。他以每分钟90个字的速度边打边构思。但手指的动作仍跟不上风驰电掣般的思绪。他常常一个星期就能写出一部书，当他的手稿刚从打字机上取下就直接送给了排字机。阿西摩夫已经成为当代一位百科全书式的杰出人物。他的精神感人之深，他的巨著影响之大都是罕见的！

中国有句古话：男怕入错行，女怕嫁错郎。但是，在现代职场，女性同样也怕入错行。很多人的事业最终失败并不是因为能力欠缺，而是由于选择了不适合自己的工作。他们或许曾风光一时，然而在这个并不适合自己的行业中，他们会因为竞争而疲于奔命，无法体会到真正的快乐和满足，最终失败也就不足为奇了。只有入对行，准确定位自己，选择合适的人生事业之路，才能持久地发展自己。

找准了定位，可以最大限度地利用自己的资源。有些人看见别人都在考MAB，他也盲目地去考。有些人看见别人出国，他也奋不顾身出国。事实证明，专科生未必不如本科生，本科生未必不如硕士生，硕士生未必不如博士生，只要把一门学问学精学透，就能在激烈的竞争中站稳脚跟。盲目跟风、付出，反而会因为精力过于分散而丧失原有的优势，最终难成大事。

弃乐从经，需要莫大的勇气，需要承担太多非议的眼光。王雪红在这个时候展现了自己非凡的魄力和对自己的充分了解，为自己的未来做了一次最完美的定位。

找准了定位，可以增强自己的抗干扰能力，坚定自己的信心。有的人完全被金钱所奴役，选工作是只以报酬和时尚为标准，甘愿放弃自己原本不错的职业，以致前途尽毁，悔之晚矣。还有的人幸运地获得一份好工作，得到了一个好职位，却轻易地放弃了，这些人都是因为没有给自己准确定位，自视过高。要找准自己的定位，首先，要充分了解自己，包括核心价值观、性格特点、天赋才能、缺点等，扬长避短，可以自我探索，可以请他人作评价，也可以做心理测试。其次，要对自己从事的职业有一个充分的认识，包括工作内容、技能要求、性格要求、工作环境、工作角色，可以咨询专业人士。再次，要分析自己和职业要求的差距，不断提高自己的能力，直到完全适合工作需求，可以根据自己的现实条件制定一个详细的计划书。清楚地认识自己，为自己准确定位，这也使你具备了从众人中脱颖而出的能力。

天生我材必有用，每个人都有适合自己的位置，但并不是每个人都能找得到。它往往隐藏在迷雾中，很多人曾探索过，可是觉得前路太过漫长，看不到希望就放弃了。但只有在最适合自己的位置上，人们完全释放出自己的能量，才能登上事业的高峰。

王雪红最后终于选择了经济系。这也是她人生最为重要的一次选择，这次选择，成就了她以后几十年的事业。

第四章 "初生牛犊"战斗记

　　不靠富爸爸，仅凭自身之力勇闯商场，开拓出属于自己的天地，成为新一代的台湾第一富豪。这就是王雪红深深令人敬佩的地方。对于王雪红来说，拒绝父亲是为了证明自己。

　　"我从小就养成了不想被控制，不想跟人走的个性。"王雪红如是说。

拒绝"被控制"

如果你有一个富爸爸，那么你至少可以少奋斗20年，甚至一辈子都不用奋斗了。不知道有多少富人的孩子，坐在父辈的肩头摘苹果，甚至连手都懒得伸出，心安理得地坐享其成。王雪红则不同，她不愿意被父亲的光芒罩着，她要靠自己的智慧和能力去创造自己非凡的人生。她的梦想只有一个，那就是自己可以独立地成就一番事业。

作为中国台湾"经营之神"王永庆的女儿，王雪红挣脱了父亲光环的笼罩，独力创下了自己的产业帝国。以至于同行评价："在华人世界里几乎无人能出其右，即便美国，科技产业也少见这样的事业具一定规模的女创业家。" 她是中国台湾女企业家首富，身价超过3亿美元。旗下的威盛集团已经拥有20多家企业。而她和英特尔抗衡十余年，创造"小虾米打败大鲸鱼"的传奇，更是为业界津津乐道。如同她的名字一样，王雪红在男性主宰的科技产业版图上，画出了耀眼的一抹红。而台湾商界更是以一句话来称赞她：生女当如王雪红。

不靠富爸爸，仅凭自身之力勇闯商场，开拓出属于自己的天地，成为新一代的台湾第一富豪。这就是王雪红深深令人敬佩的地方。对于王雪红来说，拒绝父亲是为了证明自己。父亲王永庆是台湾第一首富身家，从小的耳濡目染和言传身教，从小看在眼里的父亲的成就，这些让王雪红有着和王永庆一样好胜的性格。从一开始，她就不想依靠自己的父亲，她心里想的，是成就一方属于自己的星空，向父亲证明自己的实力。

"我从小就养成了不想被控制，不想跟人走的个性。"王雪红曾经这样描述自己的性格。也许正是因为这种不服输、勇于挑战的闯劲，成就了她日后的辉煌事业。

但王雪红从不否认，自己受父亲王永庆影响很深。她所在的王家是大家族，有其复杂之处。说到底，也是王永庆的教育方法，使得王雪红等一干儿女养成了节约勤俭的习惯，也锻炼了宠辱不惊，面对困难肯吃苦，面对诱惑能定心的好心态。王雪红出身豪门，没错。但说到她在这个豪门里得到了什么，可能除了精神外，其他则无许多。而她靠的，就是这个精神。

"我就觉得，上大学的时候，我真的好穷啊，要赚点儿钱才行！所以在大学的时候就一直想做生意。"即便如今，王雪红回忆起当时的境遇，仍心有戚戚。显然，王永庆的做法跟大陆的企业家完全不同：后者通常将子女送到国外名校，恩宠万千，一应吃穿用度全不用费神，哪里还会强烈感受到"真的好穷"？

而前文中我们也提到，1958年出生的王雪红，15岁就被父亲送到了美国。寄养在旧金山一个犹太人的寄宿家庭里。那段艰苦岁月，如今倒成了她记忆中最珍贵的一段。父亲王永庆严于自律，家教也甚为严格，要求子女必须给他写家书、而且逐一报告钱花在了哪里，才给生活费。

诚如《洛克菲勒家书》、《傅雷家书》以及《尼赫鲁给女儿的信》、澳大利亚企业家金斯利《给女儿的二十五封信》等，王永庆采纳的也是家书沟通法。在和子女的通信中，王永庆会把自己公司遭遇的困难及如何解决告诉他们，常常一写就是十多页，这些让王雪红没齿难忘，尽管父亲跟她相处的时间不多，但在她眼里，"他是世界上最好的父亲"。

这些家书，显然构成了王永庆对女儿潜移默化的一部分，而求学期间的经历，则养成了王雪红独立的性格，任何事，她都敢于尝试。在真正创业之前，她倒腾过不少东西，"看到有一个朋友在卖塑胶，就是以前的塑胶电子，我就到处去百货公司卖，那个时候就笨到不知道百货公司有专门的人采购。看到人家在卖东西，就问人家可不可以卖这个……"她甚至还想到要去卖汽油。

她从来没有想过靠家里的资助，因为不可能，所以她要拼命地尝试可以赚钱的东西，培养自己的商业头脑，运用自己在经济系学到的知识，赚属于自己的钱。

有独立思想的人，都不愿意受别人的控制，他宁愿自己吃苦奋斗，再多的财富如果是别人的，包括自己的父亲，对自己也没有意义，自己的经历才是自己的。有个有钱的爸爸可以少奋斗20年，这是大家一致认同的观点。但对于一个有自己追求和理想的人来说，有一个富爸爸却不是骄傲，因为那会掩盖掉他们本身的光芒，就算出人头地，也会被别人误认为他有一个有钱的老爸。与此相比，那些出身无名的人功成名就后，却能赢得大家的敬佩和仰慕。

大约在1980年，台塑开始向美国发展。王永庆收购了一家倒闭的石化厂，经过改造进行PVC生产，由于妥善经营，市场对口，很快产量就达到了20多万吨。王永庆很重视美国的生意，每年都要亲自飞往美国督促巡视新的海外基地。他在美国除了收购石化厂之外，又和明德基金会共同合作，创办了一个有影响的"生活素质研究中心"，主要是研究人的长寿。王永庆身为台塑的董事长，竟然一手抓钱，一手抓起了公众健康，这让他在美国迅速声名鹊起。王雪红在美国读书的时候，当地的美国人就都知道中国有一个王永庆。

王雪红在美国的时候，也常在经济报纸上看到关于父亲的报道，台塑发展迅速，王雪红离开家在美国求学这几年，台塑在以超乎想象的神速向前发展，在美国休斯教和1981年在路易斯安那州、特拉华州分别投产的两家新厂所生产的PVC粉，每年至少也维持在40万吨的水平线上。这一切都让王雪红从内心里敬佩着自己的父亲。

王永庆每天早晨都有晨跑的习惯，为了能多多与父亲接触，回台度假的小雪红每早也三四点就起床，跟父亲一起在台北的锦州街道上锻炼身体。父女二人神清气爽，边沿着街道慢跑边聊着天。这对于王雪红来说，是难得同父亲交流信息和谈心的好机会。因为在白天，王雪红根本没有见到父亲的机会。而在这凌晨无人的街道上，王雪红从父亲那里所学到的东西，是在学校的经济课堂上根本得不到的。

王永庆在晨跑的时候告诉王雪红，如今的台塑PVC年产量已经远远超过55万吨，如果加上美国分厂的产量，PVC份的年产量将近百万吨！

王雪红在心里计算着这个数字，这是爸爸辛苦成果的体现。王雪红想起了她在美国报上读到的一条新闻，说是父亲近年还成立了一支化学船队。王雪红很费解，为什么您一个企业家又忽然搞起航海的船队了呢？

台塑是生产化工产品的厂家，却忽然搞了一只运输船到美国去。

船队跟PVC仿佛也没有什么关系，这不符合爸爸的作风啊。

王雪红向父亲提问，表达心中的疑惑。

王永庆笑着说，我做的每一件事，都离不开PVC。如果同PVC没有关系，我当然不会去投资船队。我建立这样的一只运输船队，目的就是为了节省PVC的原材料运费啊。

王雪红很诧异："为了节省原料运费？"

"台塑这么大的企业，正处在事业的上升期。如果不优先考虑原材料的成本，那么赚的钱就相对减少甚至亏本。运费太高，就是PVC原材料成本一直居高不下的原因。将原材料从美国运到台湾来，每吨的运费都占了将近四成。"

王雪红这时有点儿明白了。父亲一直强调节俭，精打细算，这么高的运费，对于台塑来说真的是一个大问题。为了企业的长远利益考虑，节省成本，组建一支运输船队，似乎是一个不错的选择。可是跨国船业运输的投资一样很大啊，目前来说，收益肯定不明显，还要倒贴钱。

王永庆说："是。从眼前来看，组建船队确实是投资很大，得不偿失。但是，这是为了长远考虑。我们每次从美国或加拿大运回1吨二氯乙烷，运费就要交出去100美元，那我们来算一算，100吨、1000吨、10000吨将是多少钱？如果我们每年都要从美国运回几千万吨，那真是一个可观的数目了。而我们台塑自己的船队去美国运输二氯乙烷，每吨的运费只需30美元。这其中有着高达70美元的利益差价！"

王雪红这时才明白过来组建船队的用意。做生意要考虑到节省，每一分钱都要精打细算，反复思考它值不值。更重要的是有远见，能往远处看。如果学不会瞻望未来，节省用钱，是无法赚到大钱的。

这时，王雪红才明白过来，书本上的经济学并不适用，理论知识很多情况下都是纸上谈兵。只有联系实际，在真正的经商活动中，才能得到真正的历练。父亲给自己上的这堂经济课，是真真正正地教会自己如何在真正的商战中把握先机。在拥有自己的事业时，一定要学会用心理财和经营。

为二姐"打工"

1981年夏天，王雪红在伯克利大学获取经济学硕士学位,顺利毕业。

所有人都以为王雪红会在王永庆的安排下，从台塑底层做起，像自己的哥哥姐姐一样，熟悉台塑，然后将来掌握核心，接掌台塑。而王永庆也正是此意，他打算安排王雪红进入台塑，从最底层做起，在工人中学习理财和经营的道理，慢慢积累经验。

毕业后要去哪里工作,王雪红很早就想到了这个问题。她一早就下定了决心，坚决不去父亲的公司里上班。

一开始，也不是没去过台塑，也不是没有去过父亲的台塑。一向严格的王永庆不喜欢孩子浪费时间，早在王雪红上大二时，假期回台湾，就被父亲安排到台塑短暂工作。那时候王永庆很看重王雪红，把她安排在自己的办公室。负责收发传真和信件，先从这方面熟悉业务。台湾人都有午睡的习惯，每天中午午睡起来，王永庆就给她吃点儿甜点。王雪红觉得这一切简直太无聊了，每天都是这样，看些传真和信件，也没办法接触到自己喜欢的业务。王雪红是个追求自由的人，很不习惯台塑的那一套，更何况，在父亲眼底下，她更是左右束缚着。坚持了十几天后王雪红就不辞而别，直接买了飞机票溜号了。

所以，这次，王雪红打定主意，不去台塑。

那要去哪里上班呢？王雪红想到了二姐的大众电脑公司。

王雪红追求事业的道路上,受二姐王雪龄的影响也比较大。二姐曾叮嘱王雪红:"雪红,虽然在美国求学得到的知识更多一些,但是当你将来拿到了硕士文凭,回台湾求职最好,在美国寻求发展的客观条件不比台湾好。"王雪红知道二姐会这样说,因为这是她在美国创业得到的教训。她赞同二姐的意见:"在美国求学是可以的,而就业最好回到中国的土地上去。"

王雪红也亲眼看到二姐和姐夫两个人在艰苦的困境下进行创业,在一无资金、二无靠山的情况下,摸索着向陌生的电脑领域进发。从一开始,两人用自己仅有的2.5万美元积蓄在台湾成立大众电脑公司,初期的业务不过是代理美国PRIME电脑公司经销与维修超级迷你电脑,通过二人的不懈努力用心经营,扩大大众电脑公司的业务,从事电脑的生产和制造,迅速占据了台湾电脑市场的一席之地。因此,王雪红从心里佩服二姐的创业精神。

王雪红认为二姐和二姐夫简明仁身上一定有值得自己学习的东西,所以她对父亲说:"阿爸,我去二姐的公司去上班,不是因为我喜欢电脑或者讨厌PVC,而是因为我有自己的发展思路,所以才考虑最好暂时不进台塑。我并不反对先到底层学习实践经验的主张。我到二姐的大众去,也是要从底层做起。我考虑到这样有两个好处,一是电脑业现在是一门新兴产业,让我学习的空间相对要比生产PVC大得多;二是,我想咱们王家所有到海外求学的人归来之后,都进台塑也不是唯一的发展空间。其实王家的第二代人除了集中在台塑,还能够有一条更好的发展出路的,而我进二姐的公司并不是终极目标,我的终极目标是要像二姐一样,创办我自己的企业。"

王永庆听了女儿的这番话，有些意外，他看着风华正茂的女儿，心里赞叹着她成熟了。但是王雪红是他几个女儿中最喜欢的一位，他还是有点儿担心女儿："雪红，你一个女孩子，和你二姐有所不同。她回台湾之前就有简明仁在旁协助，所以她独立创办大众电脑我并不担心，可是你就不同了，我担心你独立创业会有许多难处，当然，如果你真想这么做，我只有表示赞成。将来如果你真要出去自己做生意，我可以给你提供一些力所能及的支持，譬如启动资金，阿爸是可以给一些的。"

雪红高兴地笑了："阿爸，虽然肯定会有一些难处，但是我有信心克服，我也相信二姐能够成功，我也会成功的。不过，现在我不想让您老人家出一分钱，因为您给我们的已经很多了，我相信会以自己的能力在将来创造成熟的时机，做起自己的事业！"

于是，王雪红加入了二姐王雪龄创办的大众电脑公司，主要负责销售。

虽然王雪红在读书期间也打过工摆过摊，但是这次，是正式的工作，年轻的她自然很激动，也很看重这份工作。

王雪红是个充满激情、一心向上的个性女孩，她从来都不愿意被别人牵着鼻子走，希望发掘更好的途径来解决工作问题。她不满足于每天坐在办公室电话销售，觉得这样的方法太单一了。当时也不过二十余岁，她弱小的身躯里蕴藏着巨大的能量，工作努力人人都看在眼里。所有的事情都亲力亲为，为了多卖些产品，常常一个人拖个大桌子、租个展会摊到处秀公司那些硕大的电脑。

凭着王雪红在学校里学到的销售技能，利用姐姐公司很好的销售平台，王雪红学到了很多经营之道，那时候的业绩一直上升。

第一笔大单，是福？是祸？

初入公司的王雪红，怀着对未来的期待，满腔热血地投入到工作中来。她每天都早早地来到公司，收拾好事宜，把行程安排得满满的，去问访顾客，开辟市场，日子充实而有力。

电脑销售并不是那么简单的事情。那个时候，电脑还是个笨重的物件。受众群体也没有现在这么广泛。在业界，当时的销售方式主要是电话销售，一个个电话打过去，不知碰了多少壁，愿意买的人相当少。电话销售需要处理海量的客户线索，难以管理分类，有的时候遇到态度恶劣的客户，经常遭受拒绝，成功率很低。虽然当时大众电脑物优价廉，但是由于销售渠道的影响，知名度和销售额并不是十分理想。

有次她回家的时候，路过一个展会，发现很多人在那边围观。展会里有很多公司的摊位，摆放着公司的特色产品，吸引着过往人群，成交率也很高。这时，王雪红想，能不能也把公司里的电脑放到这里来，进行直观的销售，会不会效果更好？有了想法就果断行动。王雪红说做就做，与展会的工作人员取得联系，租了一个摊位开始卖电脑。大电脑一摆出来，就吸引了很多人的驻足。人们纷纷上前咨询，王雪红开心地给客人们讲解大众电脑的优势，展会摊前人络绎不绝。

王雪红对二姐说，这是她喜欢做的事情，她觉得很有力量。

人生漫漫长路，不会只有坦途，也会充满曲折，遍布荆棘。在王雪红沉浸在自己工作收获的巨大喜悦里的时候，并不知道一个骗局正在慢慢朝她布开。

有天，她在公司接到了一个西班牙人的咨询，想要买一批电脑。王雪红接到这个客户的电话之后，开始了与这位客户的交流。这位西班牙人，说是对大众的电脑很有兴趣，想要在欧洲市场卖这个品牌的电脑。王雪红听到后很开心，大众在台湾已经算是领先，如果可以开拓欧洲市场，走向世界，必定是极好的。

在深入了解之后，王雪红隐隐觉得这是个大客户，想着一定要抓住，不可怠慢。经过一番争取斡旋，这个西班牙人下了有史以来王雪红接到的最大一笔订单，70万美元！

那时候，王雪红也是刚毕业没多久，加之一路一帆风顺进行，年轻气盛防备之心并没有那么重，为人处事的阅历和经验还不够，接到这样的订单自然是十分兴奋。便开始马不停蹄地着手进料、制造、供货。但慢慢地，王雪红发觉不对劲了。这个西班牙商人一直没有付钱。供完了第一批订单，西班牙客人说要加货，王雪红也发了，可是客人一直推着没有打货款过来。

迟迟不打货款，影响到了公司正常的运转。虽然西班牙人说的很好，但是王雪红始终是不放心，内心不安。为了了解情况，王雪红亲自去了一趟西班牙。这才发现对方根本，就没有建设好机制去卖。发过去的电脑一直堆积在仓库里。看到这样的情况王雪红十分气愤，就去找人理论。对方一直在搪塞斡旋不说重点。后来，王雪红算是明白了。他根本就没有打算卖，他只是打算囤积货物，然后慢慢反过来逼着公司这一方去支持他的销售从中获利。这个人是个彻头彻尾的骗子！

此时的王雪红，两眼一黑，人就像是天塌了一样。这是一笔损失高达70多万美元的订单，这对她来说就是一个天文数字。她开始想到的是把姐姐和姐夫的公司毁了，觉得自己的世界完蛋了。大众电脑公司是王雪龄夫妇的心血之作，一路走来不知历尽多少艰辛。王雪红想到给姐姐带来了如此触目惊心的损失，只觉得内心愧疚不堪。

若就此罢工，转向父亲求助，便也成就不了今日的王雪红。自幼养成的独立坚强性格，在这时候体现出来，她没有就此一蹶不振，也没有因为70万美元而气馁，她决定要把这70万美元给追讨回来，给姐姐一个交代，给自己一个交代！

独身跨国追债

面对这样一笔巨资，王雪红毅然决定讨债，给姐姐一个交代。

损失70多万美元，公司很有可能会因为这次重创深受打击，甚至关门。姐姐虽然没有责备她，可是按照公司的规定，她是这个项目的负责人，她是要负责赔偿的。

王雪红不敢相信这世界上有如此大胆骗人的事情发生，再说这么大的金额，她不相信对方敢独吞，于是决定亲自去追。

王杨娇一听说小女儿要去人地陌生的西班牙，马上就害怕了，心想钱丢了就丢了吧，命可别丢了，于是就赶紧去劝："雪红，别去，算了，就算交'学费'吧。"可雪红却听不进去，一定要去。母亲没有办法，只好去找王永庆，让他劝劝孩子。可王永庆却笑了笑，说这孩子就是这脾气，像自己。于是说："我像她这么都已经办了好几个厂了，随她去吧。"母亲更生气了，说："她是女孩子，又是去外国。"但王永庆就是不管，说要随她去。

雪红带了两个部属追到西班牙去，由于她语言不通，当地又没有熟人，在找那位客商时就费了很大的曲折，后来终于找到了。可他就是说"要钱没有，要命一条"。气得雪红不由分说，抓住那人就是一顿狠揍。可那人马上报警。雪红没有办法，就想到要找到他的公司，把他的货给抢回来，于是雪红三更半夜跑到他的仓库，结果那人有黑社会背景，雪红差一点儿被他们的人给抓走了。

在实在没有办法的情况下，雪红只好在巴塞罗那住下来，她要打官司，她不相信这个社会没有道理可讲。但由于对方的黑社会背景和王雪红缺乏经验，在打官司的过程中，由于她很多地方事先没有想到，所以有些证据没有留好。再说，她要生活，要居住，要请人，要收集资料，开销很大。

母亲一直担心孩子的安全，不断地让她放弃，赶紧回来。雪红也确实感觉到比登天还难。于是母亲又找到王永庆，看是否让他找政府或者驻外使馆、商会，或者是老熟人、朋友什么的，帮帮女儿。可王永庆生气了，说："你别瞎操心了，她要折腾一下，才知道水有多深，她受到这么大的打击，也许对她今后的发展是好事呢。"这可把母亲气坏了，认为王永庆偏心，不爱这个孩子。

雪红也感觉到没有政府的支持，当地的警察、法官都偏袒他们的人，最后她打了长达8个月的官司，仍然没有打赢官司，一毛钱都没有要回来。

孟子曰："天将降大任于斯人也，必先苦其心志，劳其筋骨，饿其体肤，空乏其身，行拂乱其所为，所以动心忍性，曾以其所不能。"

这算是王雪红人生中第一个灰暗时期吧。有着父亲王永庆"拼命三郎"性格的王雪红自然不甘心失败，她觉得自己应该独立打出一片天下。在等待案件审理的大半年里，她并没有放弃自己的电脑销售工作。她经常带着笨重的电脑去欧洲各地寻求机会，看有没有客户买。这在当时是非常难能可贵的，因为很少人会这么做。

就是在这样窘迫困难的日子里，王雪红打开了大众电脑在欧洲的市场。因为大众电脑质量很好，价格相对低廉，并且有着很好的售后服务，在欧洲也是很受欢迎。虽然这70万没有要回来，但是却从另一个方面，使王雪红获得了新的成长。

困难是一个人成熟的机会。对待挫折，关键是要有坚强的意志和毅力。一个人要想在事业上取得成功，没有坚强的意志和毅力是不行的，尤其是在遇到挫折时更需要有坚强的意志和毅力，挫折面前当自强，这是克服困难的关键。

钱虽然没要过来，但王雪红在不断打官司的过程中，有些媒体对此事进行了报道，造成了一定的社会影响。在这个过程中，她认识了欧洲市场，学会了和国际客户打交道，在当地发展起了一些经销商——当时，将生意做到欧洲的台湾企业，还是凤毛麟角。随着雪红以及大众计算机在欧洲市场的名声，她却打开了欧洲的市场。

我们回头看看这次的经历，王雪红第一次遭遇如此大的挫折，却从没放弃希望，不逃避责任，凭着自己的力量，孤身讨债，一直怀着积极的心态，这大概就是她与众人的区别。

我们很多时候，在挫折面前，很少能够像王雪红那样，不向困难低头。成功与否，或许就在于你对待挫折，对待困难，采取怎样的态度。

"大石拦路，勇者视为进步的阶梯，弱者视为前进的障碍。"闻名于世的大作曲家贝多芬说："卓越的人一大优点是：在不利与己的遭遇里百折不挠。"从事任何一项事情，先要确定志向，志向确定以后，就要全力以赴毫不犹豫地去实行。

明知前路多艰险，王雪红还是义无反顾去了西班牙。这样的勇气和魄力，在一个年轻女孩子的身上，难能可贵。她曾经骄傲过，觉得自己好厉害。通过这件事情，她得到的远比失去的要多得多。迈向成功的道路上，我们犯下的错误，都是上帝赐予的最最宝贵的财富。

每个人在逆境中的表现是对自己是否成熟和气质优劣的最好检验。真理在燧石的敲打下闪闪发光，失败就是锤炼人意志的燧石。我们的主人公王雪红，在挫伤和失败面前，不但没有被压倒，反而变得更加坚强，表现出了坚定不移向着既定目标前进的英勇气概。

可以说，大凡事业有成的人都是在战胜无数次挫折后而崛起的，我们每个人也都有遭遇或大或小、或多或少挫折的可能，这些挫折往往会伴随人生前进道路的左右，遍布于各个生活空间。遭遇挫折，只要我们能正确地对待挫折，以积极的心态、坚强的意志去克服困难，前进的道路就定会柳暗花明，定能在人生舞台上谱写出无怨无悔的诗篇。

事业家庭两难全

我们知道，王雪红是一个爽朗大方的女孩子，在美国这样一个自由的过度，漂亮开朗的女孩儿从来都不缺乏追求者，王雪红也有很多朋友。

在一次同学聚会中，个子高大、谈吐不凡的区永禧很快就吸引了王雪红的注意。而区永禧也同样对爽朗大方、漂亮爱笑的王雪红有着极大的好感。两人就这样慢慢结识。

区永禧是港裔学生，但长期定居在美国。在慢慢交往中，王雪红发现区永禧也和她一样，喜欢看文学作品，喜欢鲁迅巴金。两人经常一起相约去图书馆，出去玩，慢慢熟络起来后，觉得对方就是适合自己的那个人。

他们便相爱了。

恋爱的时光是美好的。王雪红觉得区永禧体贴浪漫，给了她想要的幸福，而区永禧对王雪红的独立自主的性格也是赞赏有加。两人的心越贴越近，终于，区永禧向王雪红求婚了。

承诺一生一世的幸福，希望下半生可以与你携手。

我将我的手给你、我将我的爱给你，我更将我自己给你。我祈求与你终生守、永远不分离。请来与我在人生道路上同行，与我共同走过崎岖或平坦的道路。

从今以后，当你喜乐，让我分享你的喜乐；当你忧伤，让我分担你的忧伤；在你健康或病痛时支持你、与你在爱中共同成长，终生对你忠实，直到永永远远。

我将对你忠实、以你为荣，我将尊敬你、相信你、帮助你、照顾你，我将与你分享我的一生。我将会饶恕，正如同我们是被饶恕的，我将与你共同学习，认识彼此、认识这个世界以及认识我们的神。我们将共度顺境、逆境，直到地老天荒。

王雪红被区永禧的真心所感动，答应嫁给他。待王雪红硕士毕业后，区永禧跟王雪红一起回了台湾，都工作在了二姐王雪龄的大众电脑公司。

婚后的最初几年，两人的生活温馨而幸福，而且很快就有了爱情的结晶。不久，他们又有了第二个儿子。区永禧希望自己的妻子可以在家里带带孩子，照顾生活起居，而不是每天拖着厚重的电脑去跑东跑西，他也心疼妻子的身体。

可王雪红骨子里就是事业型女人，她心里的责任和她一贯的思想，说明了她根本做不来小女人，她没有办法一门心思地只顾家庭。

为此，姐姐王雪龄没少开导过王雪红。她时常劝妹妹说："你的要强心是可贵的，但是家庭也不可忽视。女人和男人终究不同，没有家庭的女人即便有很好的事业也不是一个完整的女人。因此，我劝你还是暂且忘记理想和事业，先在家里把你的两个孩子带好。"

在王雪红眼里，二姐和二姐夫一直是一对神仙眷侣。而在商业圈里，他们也是公认的"天生一对"。

二姐王雪龄性格直率，有时较冲动，丈夫简明仁有耐心，他们结合后正好互补。大众电脑公司的管理体系中，就全靠这个富豪千金和一个穷家小伙子共同执掌着大众的要害部门，王雪龄主管财政大权，简明仁执导技术。他们配合默契，演绎着大众成功的神话，被人们称之为"天生一对"的成功搭档。

王雪龄虽然是掌有实权的总经理，但在事业上她仍然十分尊重董事长简明仁的意见，因为董事长的权力比总经理大。这对夫妻董事长和总经理对大众的许多决策，都是共同商量决定。然而对其他许多问题，又权责分明，互不干扰，各行其职。

王雪龄知道自己的弱点，在内心里经常提醒自己，在丈夫面前要温柔，而简明仁对妻子爱得很深，当妻子冲动时，他不和妻子据理力争，总是让她三分，让妻子去做了之后自己得结论。其后妻子明白了丈夫确实是一个事事有见解的人，从而更加深了她对丈夫的爱。

在家庭生活中，这位人称亚洲女强人的王雪龄有自己的见解：不论怎样"强"的女性，应该注重家庭，应该用女性的温柔去营造浓郁的家庭气氛；应该重视孩子，充分展示母性的伟大。当王雪龄怀第一个孩子的时候，她毅然把工作辞掉，回家一心一意当妈妈，当家庭主妇，直到两年之后才重返工作岗位。

王雪龄知道自己工作很忙，她总是千方百计减少自己在外面的应酬，多挤时间回家陪孩子，每年还要陪子女出国旅行。

王雪龄知道家庭的重要，所以也希望王雪红可以暂时把事业放在一旁，专注于家庭，带好孩子。等到孩子大一点再出来工作也不迟。但是，连续两个漫长的产假，让王雪红一度产生了消极情绪。对于她来说，理想和事业更加重要。

　　王雪红太过于看重事业，每日回家已是疲惫不堪，可是还要做家务承担人妻的责任，觉得很累。便常与丈夫争吵，希望丈夫可以帮忙分担。有时在外受了什么委屈，在家里也时常给区永禧脸色。小夫妻常常吵架，最后都是身心俱疲。这个刚建立不久的小家庭也慢慢产生了裂痕。

　　就在王雪红连生二子后再回到二姐的大众电脑上班不久，她和区永禧的婚姻亮起红灯。

　　某天，王雪红一身疲惫地回到家，区永禧正在哄孩子。看到她，就问为什么回来这么晚，孩子在家一直叫妈妈。王雪红本来在外面就受了客户一肚子气，这时听到区永禧责备的语气，没有一丝关怀，觉得很生气。

　　我每天在外面这么辛苦的工作，回到家就是听你责备的吗？

　　我没有不关心孩子。

　　我也有我的理想，我也有我的工作。我不希望放弃我的工作。

　　那你就要放弃你的家庭吗？雪红，我可以赚钱养家，你安心在家，照顾孩子，收拾起居不好吗？现在这样，我们两个都这么忙，家里没人收拾，孩子也缺少关爱。

　　我觉得我没有妻子。为什么我在家里还要受你的坏脸色？你把对客户的不满都发泄到家人身上，我也很不好过。如果再这样下去的话，我看我们只有离婚了！

　　离婚就离婚，你根本就不了解我内心的想法，你应该知道我是个怎样的人，可你却还是这样地对我。

　　这段不到10年的婚姻走到了尽头。

王雪龄得知两人要离婚的消息后，赶紧找到王雪红，询问情况。她觉得二人虽然会有矛盾，但并不至于走到离婚这一步。王雪龄和王雪红不同，她是个注重家庭的女人，所以便把自己的想法全盘告诉王雪红，希望她可以认真考虑清楚，不要一意孤行。

王雪红知道二姐生活美满全在认真经营，可是她当时一心只在自己的事业，加上跟区永禧吵来吵去只觉得生活破碎，非要离婚不可。

而区永禧也觉得王雪红不能尽到好妻子的责任，意见好大。

王杨娇知道这件事情后，也专门打电话询问。王雪红向妈妈讲述了自己内心的想法，王杨娇虽说是传统女人，但是对于女儿的事业心，也很支持。她说要雪红自己决定，做什么样的决定她都会支持。

王雪红收到了来自爸爸妈妈哥哥姐姐们的关心，可是这都没有动摇王雪红想要离婚的想法。一个事业型女性希望开辟自己的事业，不想有太多的羁绊。后来，两人在众人的惋惜中，协议离婚。

失败的婚姻没有使她放弃自己的事业和理想，甚至还成了王雪红一定要离开大众电脑而独闯世界的动力。

当初一心要离婚，但离婚后的生活，并没有那么好过。日子很难熬。从两个人到一个人，少了一个人陪伴的日子，并没有那么好适应。喜欢文学的女子，对待感情都有颗敏感脆弱的心。在家庭和事业面前，虽然王雪红选择了自己的理想和事业，但是过往种种，如浮云飘散在眼前，挥之不去。当她在大众工作的时候，她经常想起和区永禧在一起的日子里，那些充盈着美好回忆的青春，如今都像刀割一般刺痛着自己的心灵，她没有办法静下心来工作。她需要一个远远的地方，疗伤。

　　于是她就想到了美国，经过几年来和二姐的共同拼搏，王雪红愈来愈发现台湾目前并不适合她的发展，在台湾创业不如去美国寻求发展更有前途。

第五章　虎父无犬女

　　两人伴随着公司的成长，按照"上天的旨意"结成令人艳羡的商海情侣。一个董事长、一个总经理，两人也因为在IT领域的惊人成就而被戏称为"IT帝国的神雕侠侣"。

回到美国——奋斗开始!

1988年秋天，回归单身的王雪红离开了二姐的大众公司，决意自己去美国创业。王雪龄和简明仁都极力挽留，特别是对王雪红情深义重的二姐，对于妹妹刚刚离婚不久，就要一个人单独走出去创业的想法很是担心。

王雪红具有普通女子所不具备的自强和坚韧。曾经在伯克利大学求学4年的她，对美国这块土地有极深刻的好印象。这里有她学生时代美好的回忆，有她青春的憧憬。所以，她义无反顾地回了美国——这个曾带给她温暖的地方。

而当她再次踏上美国时，也有一点儿茫然，在经济迅速发展的美国，究竟该从何入手，开辟属于自己的经商天地呢？

当时，台湾大多数厂商都给欧美品牌做代工，通过组装进口的零件来赚取加工费。王雪红就想，难道中国自己的厂商就不能做整个产业？所以王雪红一开始，就抱着做产业的态度来创业的。

王雪红不想像二姐那样从电脑开始入手，因为当二姐和简明仁做电脑生意的时候，世界上刚刚兴起"电脑热"，而现在已经过去10年了，她不能再走没有潜力的老路。

这个时候的美国，经济处于快速发展时期，高新技术促进生产率提高，第三产业开始发展，信息业成为主导行业。王雪红仔细研究市场，决定应该把眼光放长远一些，应该涉足高科技产业。

美国商界有句箴言："愚者赚今天，智者赚明天。"这话道出了企业经营制胜的客观规律。市场经济云波诡谲，瞬息万变，任何产品都难以逃脱自己有限的生命周期，这就使企业的经营时时充满着艰难、曲折与风险。如果眼睛只是盯着今天，跟着走俏商品跑，往往是万人争走独木桥，造成同类商品的饱和、过剩，继而陷入经营困境。

要从未来着眼，寻找商机。

1988年的时候，她在硅谷接触到一家做芯片的小公司，她对这个小小的东西产生了极大的兴趣。芯片泛指所有的电子元器件，是在硅板上集合多种电子元器件实现某种特定功能的电路模块。它是电子设备中最重要的部分，承担着运算和存储的功能。集成电路的应用范围覆盖了军工、民用几乎所有的电子设备。

小小的一个芯片，竟然有如此大的用途。王雪红觉得这个小东西很不一般，大有前景。她决定跟这家老板好好洽谈，买下这家公司。这家公司便是威盛电子的前身。

信息是商机的外衣，是财富的媒人。你掌握的信息越多，知道得越细，你就越有成功的把握。一条信息救活一家企业，一条信息使一个穷人变成富翁，这样的例子俯拾皆是。即使你白手起家，缺乏资金、设备、厂房，只要你拥有信息，你照样可以发家致富。

被称为世界"假发之父"的香港富豪刘文汉，就是靠餐桌上获得的一个信息而发迹的。一天，他在美国的一间饭店吃饭时，和两个美国商人闲聊时获知，戴假发已逐渐成为美国人的一种时尚。他灵机一动，心想生产假发也许会有很大的潜在市场。他立即着手进行调查，证实这条信息属实。返回香港后，他创办了假发工厂，推出的产品很快占领了美国市场。

　　信息，是一种无形的资源，却可变为有形的财富。在进入"信息时代"的今天，知识是最重要的资本，信息是获得利润的源泉。所以，若小生意有了信息的指导，在经营中便可收到"你无我有，你有我变，你变我新，你新我强"，从而使自己应变灵敏，财源广进，永远立于不败之地。从而会为你带来大财运。

背水一战！抵押房款创业

王雪红离婚后去美国创业，王永庆看在眼里，心里也为女儿难过。那时，王永庆已经在美国东部建立了台塑驻美机构，他派人前往王雪红的住处督促她尽快到台塑去上班，想帮助女儿尽快从低谷中走出来，也不想她太过于劳累。

王雪红感激父亲在最困难的时候来帮助她，但是，她放弃了这条省力的捷径，在给父亲的信中说："既然我已经走到了这一步，还是继续沿着这条自己选定的路走下去吧。我想，困难还是暂时的，只要我咬牙坚持，前景肯定会逐步得到改善。"

在与硅谷那家芯片公司洽谈的时候，王雪红也没有想过要找父亲要钱。她要通过自己的力量闯出天地。

当时王雪红并没有太多的资金。这时，王杨娇毅然决定把在美国的房子抵押出去，支持女儿创业。

这样，王雪红凭着抵押的500万美元，开始了属于自己的创业生涯。

王雪红接手那家公司后，开始在美国熟悉生意市场，同时也寻觅着适合自己的经商途径。她常常坐着飞机往返于美国的旧金山、纽约、洛杉矶，考察着复杂多变的美国商场，因为她不想轻易投资。在那段困苦无助的日子里，父亲以前写给她的信，总能够在反复翻看时给予她一些鼓励和帮助。当时，她也在寻找着合作伙伴，其中有朋友介绍的，有成功的商人，也有一些原来的朋友，但是，就当她准备同一个比较有财力的美国商人谈判的时候，她在美国《洛杉矶商报》上面看到了父亲的谈话《王永庆台湾答记者问》，这段谈话为王雪红指明了方向。

王永庆的谈话是："经商的合作伙伴非常重要。这就涉及'有所谓'与'无所谓'的问题。假定合作对象，他本身所处的环境也和我们一样，缺乏资源，一定要依靠大量外销，那么他对于转移技术给我们，并且协助我们外销就'有所谓'了。但是假定是和美国的厂商合作，他市场很大，不怕转移技术给你，甚至还能够向你购买使用这些技术所制造的产品，那么对方就是比较'无所谓'的合作者。'有所谓'的合作者，基于切身利害关系所在，处处都需要留一手，或者防你一招，对我们来说，自然比较不利；可是话说回来，我们也不能因此怪他诚意不够，因为在可能威胁到他的情况下，他不能不做预防的考虑。因此我们在选择合作伙伴的时候，一定要反复考虑，千万不能盲从……"

看到父亲的即席谈话后，王雪红放弃了和美国商人的谈判。她觉得自己单枪匹马闯天下更有安全感，于是她放慢了自己的步伐，心平气和地等待着时机的到来。

收购VLA，威盛诞生

一直到1992年秋天，王雪红终于等来了自己的机会。美国一家VLA公司准备出手，王雪红暗地调查中发现，这家公司濒临倒闭的弊病在于疏于管理。这个发现让王雪红大为振奋，她觉得这是一个千载难逢的大好商机。把这家公司购买下来的话，凭借自己的管理能力，一定可以使它起死回生，更有利的是，这家VLA公司就设在台北。

向王雪红提供这一商业线索的人，名叫陈文琦。他比王雪红年长两岁，也是台湾人，在台湾大学读完电机工程学士之后来到美国加州的理工学院攻读计算机硕士。陈文琦毕业后先后在美国供职于GTE公司和Intel公司，后来辞去职务创立了一家名叫Symphony的晶片设计公司，自任总经理。

王雪红是在友人的宴会上第一次碰见陈文琦的，外表精干，对美国商界十分熟稔的陈文琦给她留下了极好的印象。尽管陈文琦的公司规模不大，资金也不雄厚，但是王雪红从他的谈吐中意识到他很可能是一个具有经商潜质的合作伙伴。

经过陈文琦的帮助和引荐，王雪红很快和美国那家VLA公司的总经理见了面，经过几次谈判，就签了转让协议书。之后，王雪红就返回台湾筹集款项，她并没有找父亲要钱，而是把自己从业以来所有的积蓄都取了出来，还把母亲杨娇送给她的一套房子作为抵押，拿到了500

万元新台币，最后交齐了从美国人手里购买VLA公司的所有资金。她把这家公司易名为"威盛"，并正式出任该公司的董事长。

而在美国见过几面的陈文琦在接到王雪红从台湾打来的邀请电话后，马上把自己经营两年的Symphony的晶片设计公司出手了，投到王雪红的麾下，担任王雪红"威盛公司"的总经理，这时已是1993年的早春。

IT帝国的"神雕侠侣"

自加州理工大学计算机专业硕士毕业之后，陈文琦先后在英特尔、Wyse Tech以及ULSL等知名IT企业工作，并在结构设计领域展现出卓越的才华，在华人信息科技领域创下了不小的名头。1989年，陈文琦自行创立Symphony公司继续从事结构设计工作。期间，陈文琦认识了还在大众计算机担任副总经理的王雪红，王雪红非常赏识陈文琦在技术领域的功底，而陈文琦则对王雪红的魄力赞赏有加。而这也为两人之后的合作奠定了基础。

1992年，威盛电子也到了一个关键的发展阶段。王雪红找到陈文琦，力邀其加入。陈文琦开始和王雪红携手创业，威盛电子进入了快速发展的崭新阶段。

从1992年开始一起合作创业，在数十年的时间内，王雪红和陈文琦戮力合作，将名不见经传的威盛电子发展成为在处理器市场能够和英特尔等巨头直接竞争的芯片新锐厂商。俗话说，英雄间惺惺相惜，这对IT帝国里的英雄事业上的精诚合作加深了彼此的了解。由于个性使然，陈文琦回国后并没有在台湾置产、买车。因此，王雪红也就力邀陈文琦住进自家楼上的闲置空屋；上下班，陈文琦也会经常搭乘王雪红的便车。在一次偶然的机会下，王雪红邀请陈文琦加入教会礼拜，从此两人都成为了虔诚的基督教徒。在工作之外，两人也就有了更多的共同话题。

陈文琦对王雪红在离婚后不依赖王氏家族的势力做后台，只身前往美国闯世界的勇气和风格深深敬佩。在他们共同创业的过程中，两人的感情也有了飞速的发展。两人不但在许多经商理念上有着惊人的一致，同时在私人爱好上，也有着志同道合的默契。他们都喜欢文学、音乐、运动，且在性格和为人上也有许多相似之处，这些令王雪红怦然心动。

得知两人结婚的消息后，台湾媒体报道称，曾经被喻为"最有价值的单身汉"的威盛总经理陈文琦终于结婚了！而对象则是顶头上司、威盛电子董事长王雪红，两个人在多年合作无间、互相扶持下，终于有情人终成眷属。套句两人常说的话，这一切应该都是"上帝的旨意"。

而且，陈文琦也曾在威盛的员工网站上在下班时间一个公告，大意是董事长与他已在美国结婚，这要感谢神的祝福，也希望与大家分享这份喜悦。他也同时求神祝福公司每一位同仁，在工作、家庭各方面，都能平安、幸福，更希望大家"有情人终成眷属"。

这段公告自然引起员工热烈、兴奋的讨论，也认为公司大概就会布满外界送来的祝福花篮。陈文琦会选择下班时再公告，大概也是怕影响员工的上班效率。事实上，后来所有的人见到目前人在公司的陈文琦，全部都赶着跟他说声"恭喜"。员工乐得笑呵呵，可以预期，因为这个喜事给人的直觉就是公司前景可望更显光明。

"有情人终成眷属"这句话可以用来形容两人得来不易的姻缘。同样戴着金属框眼镜，二人看起来有些夫妻相。不过王雪红早在多年前就已结婚，先生是她在美国加州柏克莱大学念书时的同校校友区永禧。区永禧是是港裔学生，但长期定居美国，两人后来才回台入股姐姐、姐夫共创的大众电脑。

有经济学硕士学位的王雪红在大众任职期间，是个优秀的业务行销大将，也认识了业界许多人，包括陈文琦以及目前威盛另一位灵魂人物资深研发副总林子牧，三人最后才决定共同买下一家叫Via的美国小芯片公司，并回台正式成立为威盛电子。其中，王雪红就扮演了资金提供者与伯乐的角色。

由于同甘共苦多年，几年前，外界即盛传王雪红、陈文琦两人在美国拉斯维加斯闪电结婚，但从来没有得到证实。尤其大家认为王雪红已经结婚，因此最后这个谣言最后也不了了之。不过，根据威盛人士透露，其实王雪红已经离婚好一段时间，只是具体时间，没人敢过问。

对陈文琦而言，其婚姻状态也是许多人私下关心的焦点。数年前，国内PC芯片组厂商气势正盛时，三大公司中，有两家的总经理没结婚，一个是陈文琦，一个就是扬智科技总经理吴钦智，两人也都被喻为黄金单身汉。据说，友人曾为陈文琦安排相亲，但台大电机系、电机所毕业，也是加州理工学院电脑科学硕士的陈文琦，喜欢的是有智慧的女性，连公司工读生都要找台大的学生，所以并不容易成就姻缘。

两人伴随着公司的成长，按照"上天的旨意"结成令人艳羡的商海情侣。一个董事长、一个总经理，两人也因为在IT领域的惊人成就而被戏称为"IT帝国的神雕侠侣"。

追根究底

　　1992年，为创办威盛电子，王雪红用母亲送的房子作抵押，从银行拿到500万台币（合100多万人民币）贷款，这是王雪红创业时从家庭获得的唯一间接支持。随后的10多年间，王雪红没有从父亲处拿过一分钱，即便是在威盛发展最艰难的时刻。不过，王雪红坦言，父亲的"无形资产"对自己帮助很大。

　　"比如我刚做威盛时，要找一个强而有力的团队。他们凭什么相信我，最好的一点就是'我是我父亲的女儿'。"王雪红告诉记者。当时有一位海外工程师的太太不让她回来，直到"王永庆的女儿"亲自出马，这位太太才马上放行。

　　"追根究底"、"永续经营"，王雪红认为，这是父亲给自己在企业经营上的最大财富。"父亲很喜欢追根究底"，王雪红介绍，甚至威盛的每一件重要产品，王永庆都会听女儿亲自讲解一番。如今，"追根究底"已是威盛集团文化的一部分。"不仅出错的时候我们要追根究底，就是结果还不错的事情，我们也会再深入一层，探寻一下是不是还可以再改善，不能满足于现状。"王雪红说。

　　曾有人把王永庆的成功因素归结为八堂课回馈给青年。其中第一堂课就是"追根究底"、事事要求"止于至善"，也就是对问题不追究水落石出，绝不罢休的态度。王永庆曾说："经营管理，成本分析，要追根究底，分析到最后一点，我们台塑就靠这一点吃饭。"

那么，何谓经营管理的"追根究底"呢？那就是日本行之数十年，对提高经营绩效极有助益的"原流方法"。所谓"原流方法"就是，凡事遇到问题或发生异常都要深入分析，并且追究问题的本源；就好像河川的流水混浊了，我们要探求它的原因，必须溯流而上，一直追到河川的源头，才能真正排除异常，解决问题，所以叫做"原流方法"。

王永庆说："所谓'追根究底'也好，'原流方法'也好，本来就是处事的真理原则。只要肯花心思把事情做好，自然就必须深入探讨事务的本源，这是做事的不二法门。"

经营管理要进行"追根究底"，必须从根源处去追求。王永庆举一棵树为例来说明：树的上面有树干与枝叶，下面有根，根中有大根与中根，连接中根的还有许多细根。树的生长是靠细根吸收养分，经中根、大根至整棵树，才能自然地成长。冬天来临时，叶落满地；但是因为有根部供给养分，春天一到，即再生树叶而绿意盎然。人们最注意的，往往是茂盛的枝叶，而忽略了最重要的根部。

王永庆的意思是，一棵树要长得枝繁叶茂，必须从看不见与容易被忽略的根部去下功夫；经营管理要做得好，也必须从平常看不见与容易被忽略的根源处去追求。

他说："我们做事应该和树有细根一样，必须从根源处着手，才能理出头绪，使事务的管理趋于合理化。"

其实，王永庆一而再、再而三强调的"追根究底"，是来自古代四书之一的《大学》所训示的"知止"与"止与至善"。

王永庆曾说："我这一生深深感觉，中国的哲学里，一句可以终生利用的话，就令人受益无穷。譬如说'大学之道，在明明德，在亲民，在止于至善'，还有'知止而后能定，定而后能静，静而后能安，安而后能虑，虑而后能得'。要追求'止'，即是根源，若未能追根究底，建立起一个道理的话，基础便不稳固，所以在止于至善，由'止'建立基础，才能达到至善，才能定、静、安、虑、得。"

王永庆更以选择工作为例，深入浅出地解说"知止"、"定、静、安、虑、得"及"止于至善"的道理所在。在选择工作时，如果彻彻底底了解工作的意义所在，自然就明白自己应该从事哪一种工作，应该以什么样的态度工作。同时，基于彻底的了解所做的选择才会坚定，不致因为客观因素的有利或不利，或者因为别人的褒贬而产生犹豫或信心动摇，这就是《大学》所说的"知止而后能定"；心定之后才能静，才能安于自己所从事的工作，进而在本位的工作上运用思虑，不断地改善、求进步，最后终能将事情的处理做到"至善"的境界，这就是"定、静、安、虑、得"一贯的道理所在。

从上可知，王永庆从《大学》之中撷取了古人的智慧，而后加以发扬光大，活用于经营管理上，因而缔造他庞大的企业王国。

我们再来看看王永庆用"追根究底"的方式追问部属的实例。

"前几天，我们开会讨论南亚做的一把塑胶椅子。报告的人把接合管多少钱、椅垫多少钱、下面的尼龙布要多少钱、贴纸要多少钱、工资多少钱，都算得很清楚，整个加起来550块钱。每个项目的花费在成本分析上统统列出来了，一个椅子的资料分析、图表有好几页。

"台塑是靠追根究底、降低成本起家的。我追问——椅垫用的PVC

泡棉一公斤56块钱，品质和其他的比较起来怎么样？价格如何？有没有竞争的条件？他答不出来。这样的话，一点用都没有。

"我再问——这PVC泡棉用什么做的？'用废料，一公斤40元。'那么大量做的话，废料来源有没有问题呢？又不知道。我问——南亚卖给人裁剪组合，在裁剪后收回来的塑胶废料一公斤多少钱呢？'20元。'那么成本一公斤只能算20元，不能算40元。

"使塑胶发泡的发泡机，要用什么样的发泡机？什么技术？原料多少？工资多少？消耗能不能控制？能不能使工资合理化？生产效率能不能再提高？结果没有，他根本没有分析。

"这么一大堆的工作没有做的话，绝对不行的。经营管理，成本分析，要追根究底，分析到最后一点。我们台塑就靠这一点吃饭。"

同样，王雪红在父亲王永庆以身作则的耳濡目染下，已经吸收了王永庆大量的"无形资产"，王永庆在行为处事方面，已经深深地影响了王雪红。而王雪红也被称之为，最像王永庆的女儿。

据台湾媒体报道，台塑的老臣子这样评价王雪红："她做事与看事情的气度最像王永庆，她是看好产业趋势就会坚持下去的人，对有兴趣的事情也会打破沙锅问到底。"

当王雪红谈起创业经历时，她总是这样说，虽然父亲没有给她一分钱，但是却对她帮助非常大："我刚刚开始做威盛的时候，需要找一个强有力的团队。但是当时台湾当地的IC人才很少，很多工程师都在美国，要说服他们放弃那边的优厚环境，回到台湾去打造一个不可知的未来是一件非常困难的事情。这时候，父亲就起了很大作用。人们会想，我父亲做事始终如一，他的女儿大概也不会有什么问题吧。

父亲的声誉给了我很大帮助。这样才有了威盛电子最初的团队。"

王雪红认为，"追根究底"的精神和"永续经营"的理念是父亲给自己在企业经营上的最大财富。王永庆很喜欢追根究底，甚至威盛的每一件重要产品，王永庆都会听女儿亲自讲解一番。如今，"追根究底"已是威盛集团文化的一部分。"不仅出错的时候我们要追根究底，就是结果还不错的事情，我们也会再深入一层，探寻一下是不是还可以再改善，不能满足于现状。"王雪红说。

而对于"永续经营"的理念，王雪红如此理解："其实做IT产业，还有另外一种做法，就是把公司做得差不多时，转手卖掉，这样就可赚到一笔钱，但我们不想这么做。因为我们想长久发展，我们希望做世界最好的企业。"

在激烈竞争的科技世界里，王雪红却闯出她的王国。她没有靠父亲资金的扶持，但父亲对她的教育却成为她成功的有力保障。

业界评价王雪红的性格时称，她承袭了父亲"拼命三郎"的性格，是名副其实的"拼命三娘"。而王雪红今天的成就正是得益于她"拼命三娘"的性格。当她1992年买下VIA时，那还是个名不见经传且经营不善的小公司。在1992年至1995年间，对于王雪红和整个威盛来说是十分艰难的阶段。虽然承接了一些大公司的订单，但充其量仅能够帮助威盛渡过难关，离让业内认可还有很大的距离。

新事物的诞生与成长总是面临着各种困难，市场后进者生存的第一课就是如何在现有市场格局中找到自己的立足点。在这种情况下，大多数人折戟沉沙、功败垂成；只有少数人能够坚持存活，并且其中相当大一部分因为各种原因改变了最初的方向，而能够沿着自己的计划坚定地走下去，最终获得成功的更是凤毛麟角。

王雪红面对种种困难，从未退缩，面对庞大的竞争对手英特尔时，她没有胆怯地绕过去，而是使出自己"拼命三娘"的劲，不但扛住了来自行业竞争的压力，还使自己企业的发展一步一步向前。终于，在1997年，威盛发展成为仅次于英特尔的全球第二大芯片组供应商，并不断获得国际级大厂的订单，这表明威盛电子在IC设计领域里已具备了世界一流公司的水平。

短短几年中，深受父亲言传身教的她就凭借顽强的精神，闯出了自己的一片天。

"尽管在创业过程中，父亲没有给过一分钱，但是他给的无形资产却让我受用终生。"王雪红深有感触地说。在她刚刚起步的时候，正是父亲在台湾企业圈内的巨大声誉帮助她少走了很多弯路，对她产生了深深的影响。

第六章　IT界的"拼命三娘"

王雪红有着"拼命三娘"的性格，也有着锲而不舍的精神，她带领威盛走到今天的辉煌，也吸引着无数人的观望。在进军国内市场时，帮助王雪红打开市场的，正是她身上的锲而不舍的精神。

迎战英特尔

在王雪红前进的道路上，英特尔是最大的劫数。她梦想有一天，威盛会成为英特尔的劫数。

在面对强大的对手时，你只有做得更好，才能取得超越。

王雪红收购VLA，创办威盛，进军的就是芯片产业。而当时的芯片产业，英特尔是名副其实的老大品牌。英特尔CPU全球市场占有率超过90%，几乎垄断了整个芯片市场。威盛面临如此强大的对手，艰难可想而知。一场蚂蚁和大象的决斗，竞争十分残酷。

早在之前，全球芯片龙头老大英特尔创始人安迪葛洛夫就曾告诉过她："你不该做这个，英特尔对芯片组的挑战者将会非常严厉！"似乎是对王雪红的好言相劝，但言语中的霸气也是可见一斑。

面对英特尔的不屑一顾，王雪红燃烧起心中的斗志！她坚信自己一定有机会进入芯片市场，与英特尔一决高下，也相信威盛的将来，不会比英特尔差。

既然选择了芯片行业，英特尔必定是前进路上的对手，只要威盛壮大，与英特尔交锋是迟早的事情。退缩，意味着失去未来竞争的机会，也不符合王雪红的做事风格。

"不要因为英特尔做芯片组，我们看到它太强了就转到别的地方去。我进入的任何市场，英特尔都可能进去，它再进去，我又要换一

第六章 ◎ 「界的「拼命三娘」

【133】

个地方，这还得了？"王雪红如是说。

这场残酷的战争，持续了20年。威盛从一开始的小小蚂蚁发展到现在，由于对抗强大对手，自身也成长迅速。如今的威盛，成为了全球唯一一家横跨CPU、GPU和移动通信芯片三大领域的芯片厂商，实力非凡。

在最开始的时候，小小的威盛只能依靠王雪红二姐的公司大众电脑的主机板订单得以生存，市场份额少得可怜。1994年，英特尔全面涉入芯片组产品设计，原有的市场竞争格局重新洗牌，英特尔老大地位更加稳固，小型公司几乎全被打垮，所剩无几。1995年，英特尔又把战火延伸至主机板市场，大众电脑受到冲击，威盛的生存也岌岌可危。

英特尔员工有8万余名，汇集各路精英干将，市值高达180亿美金，是芯片行业绝对的领头人和掌控者。而此时的威盛，全球员工加起来不到3000人，市值不足25亿美元，他们之间的差距，用一句话形容就是："英特尔溅出的一滴口水，可能会把威盛淹死。"

王雪红从来都不怕对手的强大，这样更能激发她的斗志和勇气。她从来不甘示弱。面对强大的英特尔，面对这悬殊的差距，王雪红毅然选择顽强反击，尽自己权利开拓属于威盛的芯片市场。1995年底，威盛凭借顽强的毅力、坚持的精神最终获得了康柏的大量订单。这份订单，是威盛闯出自己天地的直接证明，也昭示着威盛脱离了大众的庇佑，开始自己独自生存的生涯。

威盛作为新一代的高科技公司，显示出了不凡的实力。1999年7月，威盛正式推出不同于英特尔规格的PC133晶片组。随后，王雪红又宣布买下美国国家半导体的Cyric微处理器部门，直接切入英特尔核心事业，使威盛进一步名扬海内外。经过王雪红一系列经营运作，威盛发展成为仅次于英特尔的全球第二大芯片组供应商，以在IC设计领域里具备世界一流公司的水平，不断获得国际级大厂的订单。在全体员工的一致努力下，威盛电子的芯片组产品一度占到全球市场份额的70%。

1999年，因英特尔主推的"奔腾3"处理器的RAMBUS内存规格不敌威盛电子更具性价比的PC133内存规格，威盛电子由此在全球芯片组领域取得了举足轻重的位置，并在此基础上挺进计算机科技最核心的部分——CPU设计。以至于2001年《商业周刊》在评选当年度"全球信息技术100强"时，威盛电子位列第69位，得到的评语是："这家中国的芯片设计者已成为芯片组件领域的顶尖公司，目前正与英特尔公司和AMD公司在微处理器上展开较量。"

这下子，英特尔着了急。

英特尔没想到，当初不过是在边角生存的小小公司，如今竟发展成了可以与己抗衡的新兴力量，还能对自己构成不小的威胁。由于在芯片组技术上无法短时间内赶超威盛，英特尔情急之下，就选择了在全球范围内对威盛展开专利诉讼的围剿。

1999年6月，英特尔在美国、英国、新加坡等地对威盛提出控告，要求美国商务部禁止威盛电子将与英特尔相容的芯片组输往美国。美国是当时全球PC最大的生产和消费大国。英特尔的这一举动，无疑是想要断了威盛的市场来源，彻底打败威盛，消灭这个日益壮大的竞争对手，维持自己龙头老大的低位。

因这一举动，从1999年至2003年，员工们的努力往往被英特尔的一句话化为乌有。因为当威盛每开发一款新品，英特尔都会站出来说：威盛又侵权了。

最令威盛人抑郁不满的是，英特尔由于占据着老大地位，也掌控着市场的话语权。它说的话，就算没有事实依据，也会对别人产生影响。英特尔说威盛侵犯了他的专利，很多人怕被英特尔诉讼，在选择产品时肯定对威盛有所顾虑。由此客户对威盛的信心开始下降，使威盛处于被动的地位。

从来都不会低头的王雪红自然不会服输，她毫不犹豫地选择了抗争，开始在全球范围内应对英特尔的诉讼。她奔走于全球各地，前前后后，加起来一共参加了100多场听证会。她对于英特尔提出的要求美国商务部禁止威盛电子将与英特尔相容的芯片组输往美国的诉讼，采取了"以其人之道，还治其人之身"的反击，决定进军英特尔腹地，进入CPU设计领域。1999年7月，威盛与国家半导体签署协议，收购Cyrix的PC处理器生产部门，1999年8月，威盛又并购了IDT，挺进CPU市场。随后以3.22亿美元收购S3公司。S3与英特尔曾签订交叉授权协议，这意味着威盛将共享S3和英特尔之间的所有交叉授权的专利技术。

王雪红采取这一系列辛辣的举措，终于为威盛赢得了生存空间。2000年2月，威盛正式向全球发布第一款由中国人研制的中央处理器VIACyrixⅢ，在信息产业界引起强烈反响。威盛迅速扩展市场版图，直逼英特尔和AMD。同时，王雪红从一开始便锁定低价位市场，威盛的设计与制造成本价比英特尔约低30%。这样使威盛的产品完全照顾到各阶层消费者，从而有极大的市场潜力。目前，威盛的客户包括全球最大计算机制造商IBM、排名第二的惠普及PC第一品牌康柏。威盛同英特尔之间的差距越来越小，让一向稳坐市场龙头宝座的英特尔也只能望洋兴叹。

2001年6月，威盛与英特尔的较量在台湾省台北市电脑国际展览会上再次出现。英特尔早已推出"奔腾4"微处理器，却由于专利转让费的问题未能谈妥，迟迟不愿授权威盛电子设计芯片组。造成的结果是，威盛公司自行研发，结果在台北电脑展览会上推出自己的"奔腾4"P4－X266产品（采用双倍速率记忆体DDR），并与英特尔的"奔腾4"P4－845产品（采用RDRAM记忆体）进行现场大对比，最后威盛的产品胜出。使得威盛恰如自己的名字一样，威武的气势越来越盛。

王雪红一直坚信，同英特尔的官司威盛一定能赢。在她的积极奔走下，结果也正如她所料，诉讼历时4年，英特尔没能赢得官司。

2003年4月，威盛与英特尔同日宣布，双方关于芯片组专利交互授权的诉讼已达成和解，共涉及27项专利争议。根据协议内容，威盛与英特尔各自撤回所有进行中的诉讼，并就双方现有的产品线，签署为期10年的交互授权协议。

英特尔对威盛的态度由阻挠而改为支持，公司声威大震，在芯片组市场的占有率由诉讼前的19%大幅提升至40%以上。威盛成为了最后的赢家。

王雪红对官司的结果很是乐观。在与英特尔的对抗中，威盛付出很多，这个收获，她很满意。她说："英特尔是什么规模，我们是什么规模！能得到这样的结果，对我们非常有利。"

　　王雪红将诉讼后的英特尔、威盛关系定义为"竞合关系"，即既竞争又合作的关系。作为产业的上、下游，是合作，但在一些产品上，比如芯片组、CPU领域，又存在着竞争。王雪红认为，与强大的英特尔交手，让威盛学会了如何通过创新求发展，所以，这并非是一件坏事。

　　正如王雪红的乐观估计，在与英特尔多年的竞争中，一度被逼至绝境的威盛电子很快就迎来了它的"花样年华"。威盛的芯片组产品在全球市场重新上场，2005年10月，威盛的出货量达到450万片，其市场占有率也由20%飙升至45%，一跃成为第二大芯片组巨头。

　　2005年，王雪红在接受《财经时报》记者采访时说："我们根本不怕英特尔。早在四五年前我们就看准了方向，我们没有被打败。"她倔强地认为，只要威盛保持现在的步伐长期经营下去，未来鹿死谁手还不可预料。

　　在王雪红事业前进的这段道路上，英特尔是阻碍她的大象，而威盛就像是小蚂蚁，但她依然顽强地守住了这样一场实力悬殊的较量。20年来，威盛在业界以跟英特尔单打独斗而闻名，已发展成为可以与英特尔抗衡的国际知名IC公司。

　　王雪红接受了来自英特尔强大的挑战，这何尝不是英特尔的劫数？

中国人，"中国芯"

　　梦想是驱动个人成功甚至社会进步的源动力，正是因为有了梦想并想方设法锲而不舍地沿着它的方向前进，人类才进入到今天的文明社会。

　　王雪红回忆自己为什么要做"中国芯"时，说到："当时在大众电脑，我们的主机板已经是全球第一。但是我们所有的组件都是采购而来的，没有一样是台湾或者祖国大陆生产的。于是，我就萌生了自己研发芯片的念头。"

　　按照台湾绝大多数厂商的思维习惯，企业成立之后最重要的事情就是找国际大企业，"求"个代工订单，挣些加工费。威盛电子成立的时候，源自欧美和日本的电子风潮更是以裂变的速度发展着，并在顷刻间席卷了整个中国。那时不管是中国大陆还是台湾岛内，几乎所有的创业者都选择了做门槛低，同时资金链短、回钱快的代工厂。但这并不是王雪红的选择。

　　在王雪红的思维里，挣代工费虽然简单好赚钱，但是根本没有办法长久。企业家要有长远的眼光，应该做有意义的事情。王雪红与威盛，打算在新的战场，与PC霸主英特尔争夺PC的心脏阵地，挣大钱。于是，王雪红经过研讨后决定，把威盛的目标定在研发芯片组领域，这个领域当时在台湾还是一片空白，在国际上也只是少数几家IT巨头们的势力范围，英特尔是全球IT巨头。

虽然威盛不过是刚刚起步的小企业，是一个不为人注意的小蚂蚁，但王雪红的梦想就是"做世界第一流的中国人自己的芯片"，她面对中国高新科技领域自主知识产权技术匮乏、处处受制于欧美发达国家的现状，决心用自己的实际行动，推动"中国芯"战略，剑指国际IC市场。

但这个梦想的种子不只在中国的土地上发芽，王雪红要让它在全世界开花结果。

2008年4月的一天，北京的奥运圣火传递到了法国境内，而位于美国的威盛研发中心内，工程师们正在紧张地为基于Isaiah架构的"Nano凌珑"处理器做最后的测试。总经理陈文琦做出决定："两个月后，Nano凌珑放到中国首发！"于是工程师们日夜守在美国的威盛电子研发中心内，紧张地为处理器做最后的测试。

在中国首发芯片，是一个重大的举措。因为在这之前，世界三大芯片厂商还从来没有把新产品的首发放到中国。可是这一次，与往日不同。因为无论对于威盛电子还是对于华人IT产业，"Nano凌珑"的地位毋庸置疑：它是第一款出自华人芯片技术的64位处理器，也是华人处理器首次进入65纳米制程时代。更重要的是，"Nano凌珑"的性能飙升至C7的2～4倍，却依然保持了和C7相当的低功耗水平。这意味着自此芯片厂商终于跳出了非此即彼的选择怪圈，真正地实现了能耗控制和性能提升之间的最佳平衡。除此之外，威盛电子将这种"平衡之道"从产品平台一直延伸到了整个产业链，为自身在产品、技术、产业等各个层面设定了一条和谐平衡的发展道路。所以，"Nano凌珑"处理器的发布对于威盛电子来说具有十分重要的意义。

威盛总经理陈文琦表示："我们看到越来越多的500强企业大幅度增加在华投资，并把它们的全线产品和最新解决方案第一时间带到中国。这说明中国经济的持续高速增长，正在不断提高世界对于中国的重视，对于中国市场的重视。威盛电子是中国人自己的高科技企业，我们更应该用自己的方式参与其中，并为中国加油！"

"Nano凌珑"处理器推出之后，便获得业界的高度关注。凌珑的高性能低消耗吸引着国内外众多厂商。许多家国内外厂商都和威盛电子展开了基于低功耗处理器平台的产品合作。我们可以做出这样的预测：假设目前全球保有10亿台电脑搭载的都是"Nano凌珑"处理器，整机功耗可以控制在50瓦以下，则一年内将节省电量1800亿度，相当于两个三峡水电站的全年发电总量。

在过去的30年间，处理器产业一直遵循西方社会发展的思维，即不计能耗代价，持续追求性能的提升。但是，在能源供应趋紧的情况下，这样的发展思路必然会遇到挑战，甚至阻碍整个产业的发展。我们可以看到，随着时代的发展，低能耗的可持续发展将成为未来的重中之重。威盛的"Nano凌珑"处理器基于东方思维的平衡之道则摆脱了这种模式，为处理器产业的未来发展指明了方向。

针对如今的市场，处理器产业格局改变的重要契机或许就是能源供应的趋紧。而对威盛来说，通过多年累积，威盛在低功耗领域里极好地掌握了相当先进的领先优势，低功耗的发展思路也获得了业界的普遍认可，这从英特尔、AMD都推出了相应的低功耗产品就可以看出。

而这个领先优势很有可能成为威盛电子摆脱边缘厂商地位，走向处理器产业舞台中央的关键。

玲珑处理器在国际电脑展COMPUTEX上展出之后，令众人纷纷赞叹。这也使在不远处发布了凌动处理器（Atom）的英特尔忧心忡忡，显然，威盛夺走了它的风头——不仅将本届COMPUTEX的最高荣誉"最佳产品奖"收入囊中，更重要的是，威盛是在英特尔一周前发布这款便携笔记本处理器的，连全球最大PC厂商惠普都成了它的拥趸。

虽然威盛比英特尔规模小很多，但在这个时候，英特尔确实是在跟随威盛走。因为威盛确实在低能耗领域探索了很多年，并取得了不错的成就。在过去10年中，威盛从未停止过对绿色节能的"中国芯"的探索，勤奋终将得到见证，如今威盛迎来了收获的一刻。

当然，在收获的同时，威盛并没有忘记接下来要继续奋斗。威盛电子的诞生和成长让世界看到了"中国芯"在跳动，而"中国芯"的梦想却不会因为已经取得的成功而放慢飞扬的速度。或许，这已经不仅仅是一个梦想，她已经变成全球华人不断突破自身极限、勇于追寻成功荣耀的一个缩影。"中国芯"多年奋斗的成果和更长远的规划告诉世人：华人芯片时代来临了！

"王雪红从来没有把"企业追求利润最大化"当做是企业发展的首位。这条一直被奉为神明的经营圣条，在她看来，远没有企业的价值以及对国家和社会的贡献重要。她认为企业家应该有责任感。她说以"中国芯"为中国人在世界IT领域中占据一席之地，是威盛的光荣也是使命。她的经营智慧就是将社会责任感和使命感提升到一个前所未有的高度。

　　"中国人是可以做到世界最好的。我们的目标，就是在自己的领域里，成为足以匹敌世界最高水平的中国企业的代表。"威盛董事长王雪红在各种不同场合都做过这样的表示，威盛的"中国情结"由此显而易见。实际上，从2000年开始，威盛就把中国市场当作其全球布局中的重要战略组成。经过10多年的耕耘，中国市场在威盛的全球布局中开始占据越来越重要的位置。此次威盛发布中国芯品牌标识，更体现出其锁定中国市场，重拳出击的决心。

　　随着2009年威盛在中国市场与OEM厂商合作的不断深入，Nano处理器平台先后被三星、同方、联想等诸多厂商所采用，都为威盛扎根中国打下了一针"强心剂"，让其可以放心大胆地去开拓这块庞大的市场。

　　威盛一直强调，"身为中国人，当有中国心"，此次威盛通过发布中国芯标识，从幕后走到前台，对于自己的产品、技术以及发展思路进行了系统性的梳理，进一步思考了其与中国IT产业之间的关系，这无疑会对威盛在中国市场的发展起到非常大的推动作用，让其能够更早地实现"中国芯"的理想。

　　2010年初，威盛发布"中国芯"的品牌标识，在标识的设计中凝结着威盛积极推动绿色计算的理念。王雪红说："我们希望通过这个标识，将节能环保的IT理念传递给我们的合作伙伴，以及使用威盛中国芯的每一个消费者，让绿色计算更加深入人心。"

　　在当今时代，网络日益发展，IT产业越来越辉煌，也越来越影响人们的生活。IT产业的绿色转型是一个需要全民参与的巨大工程。周游IT企业来做这件事情是远远不够的，还需要广大消费者加入到这场IT绿色革命中来。的确，低碳不只是一种口号，也不只是企业的事情，它需要我们每一个人的参与。

"杀"入中关村

只要敢于翱翔，天空就不会有尽头。作为中国的硅谷，中关村的目标是，成为具有全球影响力的科技创新中心。在这里，每天都有奇迹发生。

1988年，中关村科技园正式建立，高科技产业基地悄然兴起，俨然成为中国的"硅谷"，呈现出一派繁荣景象。巧合的是，在同一年，王雪红创立威盛电子，开始自己的企业生涯。

中关村，从最开始的一片荒凉的坟场，到现在高楼鳞次栉比的高科技产业基地，不断以最新的面貌宣扬着中国科技进步的风采；而如今的王雪红，从一开始被骗70多万的小女孩成为了令世人瞩目的女强人。二者都在发展壮大自己的力量，成就属于自己的未来。

对很多人来说，中关村充满激情、创新、发现的欲望和创造的想象，代表着无数可能实现的梦想。当初中央和北京对于这个中国硅谷寄予殷切厚望，出台一系列政策招商引资，吸引了一大批来自四面八方的创业者。这也是中关村发展迅速的原因。

王雪红像她的父亲王永庆一样，一直非常看重在祖国大陆发展。首先，大陆的确是一个具有巨大潜力的市场；其次，在那片坚实的土壤上，"中国芯"梦想更容易开花结果。立志要做中国人自己的"中国芯"的王雪红，决意落户中关村，之后辐射全国。王雪红进军内地市场，安家地点，首选就是中关村。

如今，在中关村内，"中国芯"广告已经成为一道亮丽风景，"中国芯"已成为中关村园区内熠熠闪光的诸多明星产品之一。"只要有芯，就有希望"，很多DIY发烧友至今对威盛处理器的灯箱广告沿着中关村大道一直延伸的场景记忆犹新。而这样的广告在北京、上海、广州等大城市的繁华地段亦随处可见。宣传着威盛的理念，传达着威盛的信念。

王雪红有着"拼命三娘"的性格，也有着锲而不舍的精神，她带领威盛走到今天的辉煌，也吸引着无数人的观望。在进军国内市场时，帮助王雪红打开市场的，正是她身上的锲而不舍的精神。

王雪红知道，威盛若要打入大陆市场，必须先争取大陆第一计算机品牌——联想的支持。"取得联想的支持，就像过去威盛拿下全球第一大个人计算机商康柏的订单一般，随即而来的是其他品牌大厂竞相跟进。"因为联想就像台湾的宏基，中国大陆的消费者对它具有民族情感。因此，威盛在建立全球知名度后，进入中国市场的最佳策略，也是与英特尔最大的区别，就是强调"威盛是中国人的公司，威盛的中央处理器是中国人做的计算机心脏"，这充满民族感情色彩的广告语，成功地把威盛的品牌同国人的民族情感结合起来，使威盛的品牌很快获得祖国大陆广大用户的认同。而这，最终也打动了联想老总柳传志。

2000年，国内最大的个人电脑制造商——联想集团最终决定采用威盛的CPU。2001年4月，联想品牌个人电脑又首次采用威盛CPU，并开始投放市场。目前，联想集团旗下的主板机公司的芯片组有70%以上都采用了威盛的产品。同时威盛电子又与清华紫光等多家中关村企业结盟，建立了稳定的产业供应链。

经过威盛团队艰辛的努力，威盛由过去单一的计算机芯片组厂商成功变身为拥有包括中央处理器、图片芯片、通信芯片、网络通信芯片、光存储、多媒体控制芯片、芯片组等多项产品在内的全方位连接计算机系统平台的提供商，其中CPU领域稳居全球前三名，而通讯领域的CDMA芯片设计则跻身仅次于全球该领域霸主高通的世界第二。

从世界第一颗"无碳净氧CPUC7-D"到目前全球同等功耗条件下性能表现最优异的X86处理器"Nano凌珑"，从"开放式超移动产业策略联盟"（GMB联盟）到与大陆电信运营商、手机厂商的紧密合作，威盛的"中国芯"理念已经深入人心。

作为威盛中国区的行政长的徐涛这样评价威盛："威盛是一个让人充满梦想的公司，北京是一座让人留恋的城市。在这样一座城市，为这样一家企业服务，其实是一件很享受的事情。"

威盛一直受人尊敬，因为它勇于扛起打造民族品牌大旗，威盛总是令人刮目相看，因为它敢于同全球IC巨头英特尔叫板。而如今，威盛扛起民族责任的大旗，在"中国芯"的道路上名气十足……

威盛的"花样年华"

2001年，一颗中国芯，一场英特尔官司，使威盛成了中国IT人心中的平民英雄。王雪红在与英特尔的战争中赢得了自己的天地，获得世界的青睐；威盛的中国芯，背负着民族大义，以强烈的责任感打动世人。对于一个企业来说，威盛在成长的路上，一直走的，比别人更远。

王雪红认为，对于一个企业来说，停止进步就是倒退，就有可能被淘汰出局。在成功的道路上，从来没有停下来歇一口气的道理，虽然威盛已经成了中国IT人心中的平民英雄。但这并不能令王雪红满足。

一向具有前瞻目光的王雪红，很快就意识到，要求更大的发展，威盛不能只在芯片组这一个篮子里搁鸡蛋。经过一系列的铺垫累积，威盛电子的品牌地位已经建立，如今威盛对于品牌的任务最重要的就是由强变大，更加壮大自己的地位。

这一次，王雪红对威盛的定位，着眼于多元化。

2001年，威盛实施了名为"迦南计划"的公司重组行动，为威盛多元化之路打开大门。这是一个庞大的组织重塑计划，为将来的多元化布局和集体化发展奠定好牢固基础。该计划的主要内容有：威盛将由以往以系统芯片组Corelogic为主轴的营运模式，转变为各产品线平行协同发展。2002年在原有业务基础上初步划分并成立包括系统芯片组、处理器CPU、绘图芯片Graphics、网络芯片LAN以及光磁盘驱动器芯片OpticalDiskDrive等五大事业部。2003年6月份之后，各事业部开始正式进行独立运营。

命名为"迦南计划"，是威盛的CEO陈文琦的主意。"迦南"在《圣经》中是一个流着奶和蜜的地方，摩西为了到达圣地迦南，花了40年时间。熟读《圣经》的王雪红说："好难啊，要40年。"陈文琦说，成功既要勇敢还要坚持。

陈文琦说"迦南计划"只是处于一个初步构想，在计划进行的过程中，会相机有不同的事业部门划分出来，威盛也会适时公布组织重整相关举措，不久的将来希冀能作为一个提供集合平台的企业，而不只是一个芯片组企业，同时兼顾到公司发展的长短期利益，会把所有资源进行妥善准备。

在王雪红心中，对于威盛的"迦南"的理解是："威盛集团要做全球最有价值的公司，包括旗下的许多公司，都要做最有价值的公司。做最有价值的公司就要与全国最优秀的公司竞争，并且不能局限于某一个方向，与某一领域最优秀的企业竞争。要做到让全世界的公司都跟随自己的脚步前进。"

而在某些方面，威盛旗下的公司真的已经正在成为最有价值的公司。例如人们熟知的威盛电子，即使在长期面临与英特尔的竞争的情况下，销售规模依然是全球第二。

不久后再次被问到关于"迦南计划"的问题时，王雪红说："迦南计划"现在还在坚持中。我们在决策的过程中也许会有一些失误，

第六章◎二界的「拼命三娘」

【149】

计划也会有一些变化，但不变的是坚持，"迦南"是我们心中的愿景，总有一天我们会到达的。

王雪红在台北宣布"迦南计划"，与此同时，威盛在北京悄悄将中关村的宣传广告招贴，全部换上了P4X266主板的大画面。

威盛的一位宣传人员开玩笑说，"中国芯"已经带来了足够的品牌效应，接下来，威盛在中国要踏踏实实做生意了，威盛下一步要做的宣传，会涉及更多的产品线。

威盛与其他台湾IT厂商不同的地方时，它并没有经历"代工"的资本原始积累阶段，而是直接专注于芯片设计和技术研发。因此，虽然同大陆的"先行者"宏基、华硕等相比，威盛没有自己能看得见的产品，但是，威盛更善于在短期内将自己的品牌形象迅速树立起来。

为了加强威盛在中国内地的影响力，威盛总经理陈文琦又开始部署战略。

从2001年开始，威盛在中国8个城市的15所理工院校展开了"校园IC之旅"的活动。"IC"一词，是陈文琦自己发明的，指的是网络（Internet）与中国（China）。此项活动有两个目的，一是扩展品牌，二是为了挖掘未来的研发人才。而威盛目前在北京和上海的机构，也是以研发为主。

在C3处理器刚刚推出不久，威盛便宣布已接获中国大陆联想集团、北大方正、长城与清华同方四大品牌电脑CPU订单，每月出货量将在3万颗左右。实际上，威盛在国内的OEM伙伴已经囊括几乎所有的PC厂商。

2001年，C3处理器在全球的市场占有率目标位5%～7%，在中国内地的数据则是10%。由此可以理解威盛对中国内地的重视。

借助"迦南计划"，威盛号称5年后成为全球最大的芯片设计公司。在王雪红看来，中国大陆应该是最后一块威盛在全球市场中最有优势的宝地。

企业要发展，竞争就会在，并且一直持续。王雪红与英特尔缠斗了20年，从表面上看是告一段落，但并没有真正结束。

1987年，王雪红刚刚组建威盛的时候，芯片产业最大的产品领域为存储芯片，基于领导权的问题，以英特尔为首的美方和以NEC为首的日方，展开了一场殊死搏斗。时任英特尔总裁的格鲁夫曾回忆说：英特尔成为美国电子工业抗衡日本的最后希望。

这场战争史称"第三次太平洋战争"，结果以英特尔失败而告终，时任英特尔CEO的摩尔因此被迫宣布向CPU转型。

当时，"PC"（PersonalComputer）时代正在来临，而CPU是PC的心脏。英特尔这次被迫转型恰好拥抱了新时代的转型，当时王雪红就意识到在这个时代微处理器大有可为，只是没有具体的实施策略。而陈文琦的出现改变了这一切，1992年，陈文琦在结构设计领域所表现出来的才华，已让他在美国崭露头角。王雪红邀请陈文琦加盟，陈文琦加盟后，力主威盛进入芯片组业务。

1992年，台湾正在成为全球PC代工生产基地，有70%的主板由台湾生产。中国台湾发展芯片组业务具有良好的外部环境。短短5年内，台湾就冒出了一大批芯片组生产厂商，而最成功的当属威盛，最高占据了芯片组70%的市场份额。

本来，威盛芯片组与英特尔芯片是互补的产品，但因为英特尔被迫转型，所以二者才形成了竞争关系。美国当时是全球PC最大的生产与消费大国，英特尔当然想彻底打垮威盛，消灭这个竞争对手。但谁知王雪红毅然迎战，并且不屈不饶，并且戏剧性地打赢了这场看似不可能的战争。

但是，在芯片组业务上成为王者，在CPU领域成为英特尔的竞争对手，不是王雪红的最终目的。

陈文琦在接受记者采访时说："从一开始，王雪红与英特尔走的就不是同一条道路，英特尔强调性能，威盛不单纯地追求芯片性能，而是强调性能与应用的组合。"这无疑是在向过去一直靠摩尔定律成功的英特尔挑战。

"摩尔定律"的创始人戈顿•摩尔，是大名鼎鼎的芯片制造厂商英特尔公司的创始人之一。其内容为：集成电路上可容纳的晶体管数目，约每隔18个月便会增加一倍，性能也将提升一倍，而价格下降一半；或者说，每一美元所能买到的电脑性能，将每隔18个月翻两番。20世纪50年代末至60年代半导体制造工业的高速发展，导致了"摩尔定律"的出台。至21世纪，半导体芯片的集成化趋势一如摩尔的推测，推动了整个信息技术产业的发展，进而给千家万户的生活带来变化。

在长达30年的时间里，摩尔定律曲线和英特尔股票的曲线是描述英特尔境况的两根传神的曲线。每隔18个月，英特尔的芯片性能翻番，两根曲线总是保持惊人的一致，平行向上。2000年起，情况却突然发生变化，两条曲线开始背离。摩尔定律依然有效，英特尔股票开始向下。基于此，欧德宁主导"平台化"战略，所谓平台化战略，即向应用靠拢，直到2008年的经济危机，英特尔股票才开始扭转颓势，与摩尔曲线同步。

而威盛在陈文琦的主导下，从1997年就已经开始走与应用结合的路子了。王雪红说，洞察未来的远见给威盛赢得了10年时间。同时，她还透露走与应用结合的路子，在网络计算机（NC），电视机顶芯片领域，威盛十分成功，比如全球60%NC机使用威盛芯片。

可以想象，10年的时间对一个企业的发展来说意味着什么，10年过去了，威盛从零开始，成为戴尔、联想、惠普等PC厂商的CPU供应商。王雪红对未来充满了信心，她认为在云计算时代，将有一场新的"太平洋战争"。对于这场"战争"，王雪红期待已久。

我们来了解一些什么是云计算。云计算这个概念是由Google提出的，这是一个美丽的网络应用模式。从狭义来讲，指通过网络以按需、易扩展的方式获得所需的资源（硬件、平台、软件）。提供资源的网络被称为"云"。"云"中的资源在用户看来是可以无限扩展的，并且可以随时获取，按需使用，随时扩展，按使用付费。这种特性经常被称为像水电一样使用IT基础设施。从广义来讲，是指服务的交付和使用模式，指通过网络以按需、易扩展的方式获得所需的服务。这种服务可以是IT和软件、互联网相关的，也可以是任意其他的服务，它具有超大规模、虚拟化、可靠安全等独特功效。

看了云计算的概念，估计很多人，不明白到底什么是云计算？到底什么是云，什么不是云，让人很费解。通俗一点说，云计算是一个囊括了开发、负载平衡、商业模式以及架构的时髦词，是软件业的未来模式（Software10.0），或者简单地讲，云计算就是以Internet为中心的软件。

王雪红说，在云计算时代，更多终端将拥有计算功能，支持具体应用，更早地与应用结合，使威盛拥有更多机会。她还说，云计算时代有两个端，一是终端，另外是云端。在云端，戴尔服务器首度使用威盛芯片。也就是说，威盛与英特尔的战争不止在终端打响。

王雪红没有理由没有信心，与竞争对手相比，王雪红手里总多一张牌。与英特尔相比，她多的是GPU；与AMD相比，她多了移动通信芯片。在英特尔、AMD、威盛三家公司中，唯有威盛拥有全部技术，威盛的手里拥有三张牌，CPU、GPU和移动通信芯片。而不管在云端，还是终端，未来计算、图形处理、通信功能都需要融合。因此，王雪红认为：威盛更有机会。也因此，她更加期待未来发生在云计算时代的一场新的"太平洋战争"。

非典型 "妇唱夫随"

加入威盛之后，陈文琦根据自己对于芯片市场的理解，将公司业务重点定在芯片组上。上个世纪90年代PC市场快速膨胀，这给了威盛巨大的发展空间。凭借着兢兢业业的研发和经营，威盛在芯片组领域获得巨大成功，在全球芯片组市场占据近70%的市场份额，成为芯片领域举足轻重的厂商。1999年，威盛电子在台湾成功上市，并一度成为台湾的股王。

2001年，威盛推出了"迦南"计划，从芯片组市场进入处理器、显示芯片等领域，从单一业务向综合的平台化业务架构转型。迦南是圣经里面一个流淌着"蜜和牛奶"的地方，王雪红和陈文琦相信，只有坚持，威盛一定可以找到属于自己的"迦南"。

经过近20年的坚持，威盛已经发展成为一个大型科技集团，下辖30多家企业，覆盖了IT产业链的各个环节。在威盛集团下的威盛电子也发展成为能够在x86处理器领域和英特尔等巨头进行正面抗衡的唯一一家华人企业。如今，威盛在处理器、主板、显示芯片领域已经颇有建树。凭借在低功耗技术的领先优势，威盛处理器在超移动设备、嵌入式设备、瘦客户机领域取得了广泛的应用，其中在瘦客户机设备市场，威盛已然占据了半壁江山；在显示芯片领域，威盛下属的S3-旭上电子已经和NV、AMD一并成为该领域的三大巨头。威盛的平台化优势逐步开始展现。

2008年5月，在陈文琦亲自主持下，威盛电子推出了全球领先的Nano凌珑处理器，解决了一直困扰在超移动芯片领域的"性能和功耗的矛盾"。

2008年10月28日，威盛牵头成立了"开放式超移动策略联盟"，携手微软向下游合作伙伴提供不同层次的超移动平台解决方案。业内人士普遍认为：凭借此举，威盛来势汹汹，很有可能因此在超移动领域打开局面，扭转乾坤。

能够走到一起，身上必然有很多相同或是相似的东西。除了一起笃信基督教之外，王雪红和陈文琦都非常节俭。王雪红自幼在父亲的严格教育下，养成简朴的习惯。每次外出总是一件简单的黑色外套，一个黑色的包包，没有奢华的首饰。开的车也是已经用了10多年的丰田CAMRY。

在这方面，陈文琦更是简朴之极。身为威盛电子的总经理，陈文琦连自己的车子都没有，平时不是搭同事便车，便是招了出租车就走。平时不修边幅，在公司来回走动，若看到研发人员在讨论技术，就会晃过去发表看法，转个头又去办公室谈生意，整个人看上去很是随和。

尽管生活上简单随意，但是在事业上，两个人都是永不止步。因为继承了父亲王永庆的基因，王雪红从来都不满足于仅仅打造一个优秀的企业，她更是把眼光放在更为广阔的地方。而对于王雪红的想法，陈文琦总是全力支持。很长一段时间以来，陈文琦全心负责威盛电子的运营，王雪红则负责寻找新的投资机会，扩大威盛集团的版图。

就这样，非典型的"妇唱夫随"的生活一直在每天上演着。对于传统类型的中国式家庭来讲，可能王陈的组合多少有一些让普通的男人无法理解。而陈文琦并不为自己的公司职位比王雪红低而心有不满，因为他知道一起拼搏总归需要两股绳子合成一股才更加的强韧。

先人一步——向"绿色IT"前进

人类在享受科技发展带来的便利的同时，也在付出代价。纵观全球，高能耗、高排放和高污染的经济发展方式带来的全球能源危机、环境恶化等问题，越来越引起世界各国的关注。

2009年12月，举世瞩目的联合国气候变化大会在丹麦首都哥本哈根闭幕，在该次气候变化大会上，为了达到使全球变暖不超过两摄氏度的目标，各个国家纷纷做出了相应的一些"承诺"，会议最终达成了《哥本哈根协议》。

哥本哈根联合国气候大会的召开意味着低碳经济时代来临，即以"低能耗、低污染、低排放"为基础的全新时代。全球化的"低碳革命"正在兴起，毋庸置疑，低碳经济已经成为新一轮国际竞争的战略制高点，新能源将引领第四次产业革命。

IT技术在迅速改变人类生活的同时，也成为能源的巨大吞噬者。也许你很难想象，一次简单的搜索所产生的二氧化碳排放量就高达7克。而日常工作离不开的电脑处理器与显卡，正是电脑发热排放热气的主要部件，一台电脑一天开十几个小时，耗电量便会达到2度以上。

据相关数据统计，IT界排放的二氧化碳总量约占全球总排放量的2%，这一数字达到了航空业的排放水平，随着IT产品的日益普及，这个数字还将继续增加。

由此可见，信息技术的飞速发展对人类资源能耗提出了无法承受的要求，"IT让我们过得更美好"的广告词在成堆的电子垃圾面前显得苍白无力，美好的承诺就像一个天大的谎言。

"绿色IT"已经迫在眉睫，是大势所趋，这不只是在对自然环境保驾护航下的正气，对企业来说更是一场革命，意味着残酷的优胜劣汰。当然，有危险的地方就有机遇，未来所有IT企业乃至与之相关的个人都必须正面迎接机遇和挑战。谁能成为绿色的先行者，谁才有可能成为最后的赢家。而威盛显然具有非同寻常的优势。

面对惨烈的竞争，王雪红无时不在冷静而深刻地思考：IT最根本的需求到底是什么？是否只有不断加快运算速度，才是唯一发展之路？芯片性能的提升是否必须要以加剧能源消耗为代价？

陈文琦是曾经的英特尔资深结构设计工程师，现在是威盛电子公司总经理，面对全球芯片行业英特尔的垄断格局和不断升级的速度和性能激战，陈文琦迅速地意识到，威盛还是一家小公司，如果跟着英特尔去做高利润的高速芯片，就会被英特尔压制得很惨。如果将战略转向低耗能产品，反而会占尽先机。

于是，早在"低碳"这个词还不为更多中国人知道时，富有远见的威盛电子董事长王雪红就做出了一个大胆的决定：为所生产的处理器购买碳排量，这个决定使威盛成为第一家购买碳排量的华人企业。通过和环保机构组织的合作，威盛承诺，每卖出一颗CPU，就种4棵宽叶树，对处理器运行中排放的二氧化碳等有害气体进行抵消。

陈文琦表示，威盛低能耗处理器的PC比其他它平台下的PC能耗要低30%～50%，如果按每100台PC机每天持续工作10小时所消耗的电能来计算，每年大约可节省电费4760元人民币。目前，中国拥有电脑的数量大约为8000万台，每年总共能节省38.1亿元人民币。如全球的10亿台计算机全部使用低功耗芯片，1年工作200天，每天8小时，则在全球可以少盖13座核能电厂！

算出来的数字是惊人的，但可以肯定坚持低耗能无疑也会大大增加威盛CPU的成本。但是陈文琦表示，这是一件很有价值的事，不仅将威盛所推崇的"绿色计算"从理念和产品层面上升到企业社会责任感层面，而且也用这种简单可见的方式返利于社会。同时，如果消费者认识到厂家将为自己所购买的产品支付碳排量费用，那么他们可能会有所触动，在产品使用过程中更加注意节能环保。陈文琦预言：以绿色、节能为出发点，与环境相和谐的产品才有长久的发展空间，才是未来市场真正的主导，威盛电子要以一种全然不同的理念来赢得这个市场。

于是，威盛改变了自己的研究方向，在英特尔和AMD沉迷于计算机速度时，威盛在2001年提出"绿色计算"的理念，有意识地绕开了摩尔定律，选择了另一条路——节能环保的绿色计算，试图围绕"够用就好"的应用导向，独辟一条蹊径。后来威盛电子中国区行政长徐涛在接受《商务周刊》的采访时说："事实证明，威盛抓住了产业发展的趋势，现在英特尔与AMD都开始向这个方向进军。"

威盛在台北国际计算机展上发布的凌珑处理器（Nano）主打绿色低耗能，获得当届计算机展的最佳产品，夺走了英特尔的风采。处理器节能是解决PC耗电的关键步骤之一，一旦处理器功耗能够得以有效控制，则整机能耗便可以大幅度降低。相关数据表明，处理器功耗每降低一瓦，整机功耗将降低2瓦以上。正因为如此，处理器厂商在促使IT产业迈向低功耗的过程中，才被赋予了无与伦比的责任和话语权。幸好，处理器厂商已经意识到这个问题，绿色计算被提上日程。

从进入CPU市场开始，王雪红和陈文琦就将产品研发思路定位在"两高一低"上（高效能、高集成、低功耗）。"两高一低"是"绿色计算"的主要特点。其中，"低功耗"已然成为威盛与英特尔以及AMD博弈的重要筹码，在这个过程中，威盛一直坚持"先技术后市场，先节能后赢利"。曾经有人产生质疑，威盛这些新的理念还是很超前的，万一短时期内产生不了足够大的效益怎么办？公司能不能顶住这种压力？但是王雪红领导的团队从没有犹豫过，威盛公司的总经理陈文琦也公开宣称：我所说的，就是我所做的，也是我所信的。人们看到，从"风扇终结者"C3到更小更节能的C7，从全球首款最小的无碳净氧处理器到令业界吃惊的"1瓦"芯片，威盛所相信的，的确是正确的。

绿色计算有着广泛的应用前景。在一些特殊的应用场景下，如车载电脑、嵌入式领域，低功耗是芯片所必需的性能；此外，对于很多IT产品的使用者如企业、机构等而言，IT产品的电耗越来越成为其沉重的负担。绿色计算技术能够有效缓解这一负担。

从2001年起，威盛就成为"绿色计算"的布道者，它在市场竞争的激流之中，用卓越的眼光，开辟出了一个新航道，向一片尚不为人知的蓝海坚定地驶去。

节能环保，不仅为了赚钱！

当许多创业者尚未意识到环境也是一种宝贵资源时，王雪红和她的团队已经开始思考CPU的低耗节能问题了。当许多企业为了发展过度损耗环境资源的时候，威盛电子则想到要为后世子孙留下一片蓝天。事隔十几年，当全世界都在倡导节约，低碳时代的来临，使得王雪红执著多年的"绿色王牌"威力渐显。而这体现的不只是王雪红的睿智和远见，还有她作为企业家的社会责任感和使命感。

可是，作为一种全新的产业理念，绿色计算获得产业界的认可需要一个过程。当初，王雪红在创办威盛决意与英特尔一争高下时，以绿色"低功耗"的产品理念来挑战传统的"摩尔定律"时，很多人对此举表示了不解和担忧。

威盛通过不懈的努力，终于让绿色节能的理念开始深入人心：IT企业逐渐把绿色作为产品研发设计的重要考量因素；终端用户在选购产品时，功耗也已经成为一个重要的参考指标。此外，绿色计算所带来的社会效益也已经被国家所认可，在不断推出的产业规范和指导意见中，低功耗被放在越来越重要的位置上。

如今，谷歌为了支持自己的数据中心必须去建发电厂，产业环境已发生了变化，"云计算"逐渐成为了趋势。而在王雪红看来，云计算时代与集中运算时代所不同的是，云计算时代更需要节能、需要高效，而威盛芯片是最好的平衡了性能与应用的芯片。

"回望威盛所选择的发展之路，与低碳经济的理念不谋而合，我们为此感到高兴。"威盛电子总经理陈文琦接受采访时表示，未来这一领域的竞争将会更加激烈，而成功的关键在于，如何在进一步提高计算性能的同时降低产品能耗，"我们会努力寻找二者之间的平衡点，在增进用户体验的同时实现节能减排。"

威盛研发、推广低功耗节能芯片，也逐渐得到业界的认可，目前已经成为业内的主流趋势之一。威盛低功耗芯片获得了多家PC厂商的认同，戴尔的台式机，联想、同方的笔记本，除此之外还有手机，惠普、三星的上网本等移动终端。在云端方面，戴尔针对大型数据中心推出的服务器也采用了威盛的芯片，亚马逊数字中心的服务器使用的也是威盛的芯片。事实证明，威盛多年耕耘的"处理器需要在功耗和性能之间取得平衡"理念也已渐成常态。

2009年12月12日上午，王雪红在北京由商务部、工信部联合主办的"2009APEC经济体高官论坛暨全球经济成长中国峰会"上表示，威盛的绿色计算技术已被整个科技界认可，可计算领域，中国不再是一个跟随者，而是倡导者。

同时，对于王雪红来说，提倡"绿色"，既是技术的发展趋势，更是一种社会责任。2007年，威盛成为全球第一家为自己的产品公开购买碳排量的华人企业；而2008年3月的植树节，威盛则组织业界人士一起在北京郊区种下了2008棵树……

如果说最初的绿色预言仅仅是从行业未来发展所做的预测，那么此时威盛所坚持的则是面对整个人类生态文明发展所肩负的誓言。当

第六章◎二界的「拼命三娘」

许多人还躺在中国"地大物博"的泡沫里酣然陶醉的时候，威盛电子的创业者们已开始思考CPU的低耗节能问题了；当很多企业为了发展过度损耗资源的时候，威盛电子则想到要为后世子孙留下一片蓝天。事隔十几年，当国家提出建立节约型社会的时候，我们不禁钦佩威盛电子当初定位"两高一低"的睿智和远见。

从喊出"中国芯"到高举"绿色计算"的大旗，威盛在中国市场走出了一条属于自己的路。2010年初，威盛正式发布"中国芯"品牌标识，在标识的设计中凝结着威盛积极推动绿色计算的理念。王雪红说："我们希望通过这个标识，将节能环保的IT理念传递给我们的合作伙伴以及使用威盛'中国芯'的每一个消费者，让绿色计算更加深入人心。"

在陈文琦看来，IT产业的绿色转型是一个需要全民参与的巨大工程，只有IT企业来做这件事是远远不够的，还需要广大消费者加入到这场IT绿色革命中来。的确，低碳不只是一种口号，也不只是企业的事，它需要我们每一个人的参与。

女人掌控的IT帝国

如果把CPU看成王雪红事业的全部，那显然就大错特错了。

很多人可能没有料到，王雪红在对抗英特尔的同时，还将威盛集团悄然打造成为一个囊括数十家企业、几乎覆盖整个产业链、年营收超过650亿台币的庞然大物——从IC设计（威盛、威腾、威瀚）、半导体封装测试（立卫），到硬体制造（宏达、国威），一直到渠道（建达、全达）。现在的威盛，早已不是昔日吴下阿蒙。

尤其是王雪红一手创办的宏达国际集团，早已一举成为全球最大的智能手机厂商，其独立品牌多普达更是在国产手机哀声遍野的背景下，创造了逆市飘红的大好业绩，被视为国产手机的代表。

王雪红向《财经时报》坦言，无论是CPU还是智能手机，威盛都喜欢做"最难的事情"，而不像其他台湾企业那样囿于OEM的老路。为此，王雪红还拒绝了不少价值不菲的OEM订单。"因为OEM虽然会带来短利，但会影响公司资源的长久分配，影响员工的士气。"王雪红这样对内部员工解释说。

我们常说，做人要大气。这种大气表现在事业的开创过程中，就是大手笔，大格局。当然，创造一个产业格局，与创造一个企业完全不是一个层次的事情，前者更需要超乎寻常的眼光和经营智慧。王永庆的这种眼光和经营智慧，被王雪红完全继承下来。

王雪红从500万元贷款开始，依靠自己的力量走上了属于自己的创业之路，一手创办了全球三大芯片产商之一的威盛电子，全球最大的智能手机制造商宏达国际，以及赫赫有名的手机品牌"多普达"。外界评价王雪红时说，她用10多年的时间一步一步地在全球IT产业界布下了自己的一个"局"，但是王雪红不喜欢用"局"这个字，她说她和她的创业伙伴更愿意用"愿景"这个词，对于"愿景"的未来空间，她从来不设限。

王雪红说，创业之初，她就想建立一条把握在华人手中的IT产业链，这个愿景如今已经实现，但是徐涛却说，在老板眼里，这只是布下了半个局，大手笔还在后面。随着3G时代、三网合一的到来，在芯片、移动终端、消费品牌上都占有优势的威盛集团，前景的确无法设限。说起自己的老板，徐涛总是很激动，他常用"大格局""大气势"这样的词来形容王雪红，原因是威盛从事的是技术最顶尖的芯片、智能手机等产品制造，选择的竞争对手都是国际上响当当的巨头。

徐涛说："老板花了10多年慢慢建立起这个体系，看起来很庞杂，但我们仔细看就会发现，这里面其实是一个有机的体系，从高端技术研发、生产，到中间的物流、IT资讯，再到最终端的品牌，这些子公司在经营上完全独立的，但是在产业链上却是相互连接。

创业便创大格局，在对待创业这个问题上，王雪红显示了和父亲一样的大气。"她看投资机会看得很准。"目前是建达执行长的表哥高英聪非常欣赏这位同岁表妹的眼光。

王永庆曾说："对于企业，有两种做法，一种是做大了卖掉，一种是持续经营下去。我自己做的企业，永远不会卖掉。"威盛电子正是在这种"永续经营"理念的支持下，从默默无闻的小公司，发展成为了世界三大IC设计厂商之一。王雪红从来没有想过放弃，即使威盛最艰难的时候，也保持着与王永庆如出一辙的坚韧。

不过，在处理旗下各个企业之间关系的问题上，王雪红和父亲的做法还是有所区别。台塑各个子公司之间有着密切的合作关系，尽管独立核算，但是却存在一个集中的领导核心。而威盛集团下属各个企业尽管有着资源上的契合之处，但是其运营却完全独立，至于是否合作，完全由企业的职业经理人自己决策。对此，王雪红的解释是：这样，所犯的错误会少一些。

如今，在王雪红的企业版图中，威盛电子已经成为全球范围内极少数能够和Intel、AMD竞争的芯片厂商；专注于智能手机研发和生产的宏达电子稳稳占据全球智能手机产业的头把交椅，目前也是台湾的股王；研发网络芯片的威翰也开始赚钱；半导体封测厂立卫科技也已能稳住……

尤其值得一提的是，威盛电子通过多年建设，在移动互联网时代，打造了最好的布局。作为全球唯一一家横跨CPU、GPU和移动通信芯片三大领域的芯片厂商。这正是王雪红精心打造的"全价值产业链"，即尽量通过自己的努力掌握核心技术，然后再将所在行业的从上到下的各个领域一一打通。

　　但创造大格局并不意味着脑子里要装一个大梦想，然后奔着就去了，那是痴人说梦。凡事大都是从小开始的，所有大型企业都是从中小型企业开始，许多国际化大公司像Sony、Googel、苹果计算机、星巴克等以及王雪红创立的威盛、宏达电子，一开始都是从小规模开始的。

　　王雪红在与父亲完全不同的领域里开创了大局面，其一手创办的威盛集团布局IC产业链的各个环节，自己以数十亿美金的身价长期盘踞"台湾女首富"的位置。王雪红，这个被普遍认为"最像父亲王永庆"的女儿，已悄然成为人们心中的新一代偶像。

　　经历了近20年的创业历练，如今的王雪红更加沉稳，然而其开创大局面的决心依旧坚定。未来，王雪红的企业版图能够扩展到什么程度，已经成为商界持续关注的一个话题。

　　面向新一轮的IT业竞争，完全产业布局的王雪红正踌躇满志。"我的理想是，让全世界的公司跟随威盛的脚步。"王雪红这样告诫自己说。她知道，未来她要走的路还有很长，还很艰辛。

　　2012年1月15日，威盛正式在北京发布威盛"中国芯"品牌标识，这项举动是在进一步深化威盛"中国芯"战略，从而完善在中国的战略布局，同时与中国产业链合作伙伴紧密携手，在台湾、香港、大陆的协作进行自主创新，将中国企业的智慧集合起来，最终推动中国创造在全球的崛起。

　　作为威盛集团董事长的王雪红在现场为威盛"中国芯"品牌标识

进行揭幕，这意味着，从即日起，中国大陆市场威盛的CPU产品和OEM合作伙伴的PC终端产品上面将印上"中国芯"品牌标识，它将作为识别形象大使广泛出现在威盛与终端消费者和市场沟通中。

威盛的品牌主标识和4个产品标识组成了威盛"中国芯"品牌标识，其充分地表现了威盛专注于以科技创新满足客户各类需求的意愿。组成主标识的是以芯片和心为源头变形而来的心形曲线，而4种不同颜色产品标识分别代表了中国力量、中国智慧、中国潮流和中国骄傲，另外还由不规则的曲线来寓意"心无边界，创意无限"，可谓内涵丰富。

世界上各国之间的关系就和人与人之间的关系类似，谁是老大，谁是富人，谁才更有话语权，相反贫穷落后就要挨打。正所谓"贫穷落后要挨打，富裕先进世人夸"。中国在世界上曾有"东亚病夫"之称，哪个国家都想来踹一脚，顺便捎带点儿东西回去。如今富强了，自己直起了腰杆，别的国家不但不敢小瞧，还抛来了联谊的橄榄枝。

不管是哪个时代，哪个领域，都是落后挨打，强大掌权，道理都是相通的。在科技界，王雪红立志要让"中国芯"走向世界，为中国赢得话语权。

2010年1月27日至30日，王雪红参加了在瑞士小镇达沃斯举行的2010年世界经济论坛年会，此次年会也被称为达沃斯论坛，参与者包括各国政要，企业高管和经济学家。在这个各方争夺话语权和影响力的"超级舞台"上，与会人员纵论世界经济大势，评点世界经济热点话题。

王雪红站在达沃斯论坛上表示："中国人是可以做到世界最好的。我们的目标，就是在自己的领域里，成为足以匹敌世界最高水平的中国企业的代表。"这一观点王雪红在各种不同场合都表示过，她的"中国情结"由此显而易见。

从2000年开始，威盛就把中国市场当作其全球布局中的重要战略组成。这10年来，在威盛的全球布局中，中国市场开始占据越来越重要的位置。2010年1月15日，威盛在北京发布"中国芯"品牌标识，进一步深化了威盛的中国战略，引起业界广泛关注。这意味着威盛将要重拳出击，锁定中国市场。王雪红希望威盛借此从一家以技术为导向的厂商，转变为一家以市场为导向的厂商。当她在现场为"中国芯"揭幕之后，她激动地说："以'中国芯'为中国人在世界IT科技制高点占据一席之地，是威盛的骄傲。"

2009年，王雪红获得了"2009年度华人经济领袖"的荣誉奖杯，她是10位获奖人中的唯一女性，在场的所有人都被她一句简单的"为'中国芯'三个字奋斗了20年"深深打动，自创立20多年来，威盛已跃升为全球三大芯片设计企业之一，并可以与英特尔分庭抗礼，为IC产业提供了另一种可能：中国人，"中国芯"，在速度更快和能耗更低之间，达到了更美妙的平衡。

作为领导30多家企业的商界传奇人物，人们总能听到她睿智的话语："要成功，最重要的是每个领域都要做精，有自己核心的技术，有核心的技术团队。其次是在现在的基础上，往产业上游、往关键零部件发展，而不是逆向，也不只作大规模，让附加价值越来越高。"

惊叹之余，从中也感受到了巨大的能量。也许，她的不平凡，从最初拿着抵押房产的贷款500万元去创业那一刻就注定了。

如今，王雪红旗下的企业已在CPU、GPU到CDMA手机芯片领域做好了全线布局，比英特尔多了GPU，比AMD多了CDMA，比高通又多了些X86架构的CPU，这些使王雪红在说出"中国最重要的是自主创新以及有自己的核心技术，（这）能够使中国更加的强盛。我相信中国的科技能够迈向全球，以及在世界上能够占有更重要的地位"时有足够的底气和胆量。也正是她的自信和胆量，使她一直选择同最强的对手英特尔、Apple、诺基亚去竞争。

第七章　平民英雄——HTC

　　从创立以芯片起家的威盛电子，到打造智能手机自有品牌HTC，王雪红和她创办的众多创新型企业，一步步成为英特尔、AMD、诺基亚、苹果这些国际IT巨头最有力的竞争对手。作为台湾经营之神王永庆的女儿，王雪红始终相信，"外国人能做到的事，中国人一定能做到"。

代工厂的蜕变

从台湾桃园机场出发，不到半小时车程，就可来到宏达电（以下称HTC）的全球总部。这座玻璃帷幕的现代化大楼，隐身在30年历史的龟山工业区里。周遭一片灰蒙蒙的铁工厂、纺织厂、机械厂，过去都是台湾出口创汇的主力，如今沦为明日黄花。他们的角色将被HTC取代。

每天，数以万计的智能手机从桃园登机，搭乘国际航班抵达欧洲、美国乃至全世界。2010年，HTC总出货量超过2500万支，占全球智能手机市场份额的8%。相当于每个小时，约有3000个跨出HTC大门，远渡重洋后，送达一家500强公司CEO的手中，分秒不离。

HTC之所以有今天的成绩，要从十多年前的一次看似很亏的投资说起。

王雪红创立宏达电子的想法萌生于20世纪80年代初，那时候她刚毕业，在美国为姐夫的大众计算机公司打工。她回忆说："因为以前我总是到处去秀电脑，那时的电脑都很大，我去坐火车，总是拖着这些电脑在楼梯上上下下，非常累。"此时，王雪红开始琢磨，如果电脑设备很小，携带起来也没有这么重，那会是怎样的一番情景？"比如这个产品又能通电话、又能看看书。"

于是，在创办宏达时，王雪红希望生产一种兼具手机功能的迷你电脑，也就是日后的智能型PDA手机，但是她需要聘请的工程师和其他人员几乎都对PDA没什么兴趣。王雪红说："我想只做PDA。但如果你说：'我们要生产笔记本。'招聘工作会变得容易的多。所以，我们聘请了一群人生产笔记本。"

"台湾的电子业，一直是踏着前人的血迹过去的，而且是血流成河。"曾经，台湾有超过两百家主板制造商，现在叫得出名号的只有华硕、技嘉、微星和富士康。台湾曾有超过一百家笔记本代工厂，经过一轮又一轮的洗牌，存活下来的不足五家。

事实上，PDA的想法也未必能迎合潜在客户。由于生产的产品在当时来说太过于超前，令许多人都不了解，宏达一开始就陷入巨额亏损。最严重的时候，亏损额甚至高达10亿新台币。王雪红却依然坚持做下去，她说："所有的资本金都亏进去了。但是威盛这边还有钱，我就继续给宏达注资。"

2000年，当宏达签订了由康柏和惠普生产了PDA的合同后，前景变得光明了。

在PDA时代，宏达电子成了世界最大的PDA代工厂商，之后宏达电子尝试做出了第一款PDA Phone（个人数字助理手机），但并没有被惠普、戴尔看好，却与英国电讯运营商02签下订单，开始在欧洲以XDA的名字销售，由于带电话模块的PDA实用性好，在欧洲区的不错的销量，使其他电讯运营商（如Orange, T—Mobile, i—Mate）看中了这种PDA Phone，于是都签下了大量的订单，宏达电子开始为欧洲运营商代工。因此，这一款手机有多个不同的版本。

德国电信和沃达丰等移动运营商也要求宏达为其生产基于Windows

系统的定制智能手机。当时合同制造商为品牌手机制造商提供服务时面临的竞争是非常激烈的，但是这些合作使得宏达远离了这样残酷的竞争。至此，宏达距离品牌手机制造商只差一步之遥了。2001年，Pocket PC全球出货量达289.7万台，创办三年的宏达电出货量达149.1万台，市占率高达48%，借此成为代工业新晋的隐形冠军。2004年，宏达国际的销售额达到16亿美元，增长率达到67%，利润达到1.23亿美元而从PDA转入到智能手机，是王雪红打造智能手机品牌的第一步重要任务，也是最关键的转型目标。

王雪红曾在媒体访谈中表示，宏达电是全世界第一家做智能手机的公司。早在2002年，宏达电就已经预测到智能手机的未来，王雪红的远见可见一斑。而苹果迟滞2007年才发布首支iPhone。

开发一款智能手机，至少需要10个月，长可达2年，而开发一台笔记本计算机则只需6个月。在HTC所处的智能机领域，硬件设计面临最高门槛。这几年一路走来，手机行业命运崎岖，宏达电虽在一开始面临着智能机市场的空白，为市场拓荒，但也遭受着新兴品牌自有的压力和阻碍。HTC究竟怎样作为，才成就了如今"平民英雄"般的品牌光环？

品牌敏感度是女人的本能

看过《欲望都市》的人，除了对四个女主人公异常丰富的感情经历印象深刻外，更不会忘了那些数不胜数的服装鞋子包包了。凯利钟爱Jimmy Choo，买不起房交不起首付，衣橱里却有100双400美元一双的Jimmy Choo和Manolo Blahnik。而剧中的服饰一时间几乎成了全球女性的潮流风向标。宁可不买房子，却不能不穿钟爱的名牌，这就是品牌的魅力。

对于女人来讲，品牌是选择的"指南针"。女人似乎天生有着对于品牌的敏感程度，学习再不好的女人，也会对着满街的奢侈品如数家珍。别笑！这就是本能！在物质世界，这种本能是判断事物好坏最有效的能力。所以，王雪红毫不犹豫地运用了这一女人的本能！而她的角度，并不是在选择品牌，而是用在了打造自己的品牌之中。

时间回到2007年，那时宏达电手中既无品牌，又不像同业黑莓机RIM（ResearchinMotion）或苹果拥有专属的操作系统。这反而是宏达电最应该感谢的起点。"那时候他们什么都不是，有点技术但好像没有根基"，而这样的强烈不安全感，正是让宏达电领导团队苦思突破的重要背景。

在此基础上，HTC开始进入第二次转型。"要渺小存在，还是耀眼发光？我们选了后者。"王雪红的企图心，就是要把华人品牌推向国际舞台。

对于王雪红来说，设立HTC的初衷就是想要拥有自己的品牌。HTC视品牌为生命。王雪红曾说过：HTC是中国人创立的品牌，专注于智慧型手机灵虚的持续创新，期望将中国对创新与品牌价值的坚持延续到全球的每一个角落，为中国人打造一个世界级的品牌。

从一开始，就不愿被别人带着走。王雪红创建的HTC是一个自主研发品牌，在全球智能手机链中，HTC的清楚定位就是Android的最顶尖厂商。这也是HTC最独特的地方。

然而独立门户也不是一开始就那么容易说到做到的。亚洲的公司，想要做世界级的品牌，没有我们想象中的那么简单。HTC荣耀的身后，是无声的重压。令人深思的是，荣耀与重压之间，高科技产业的一介"平民"HTC，从上至下贯彻了一套怎样精密的战术手册，步步逼近苹果刺眼的光芒？

宏达电若没有头几年的代工经验，相信王雪红也不会对树立自己的品牌有如此的把握。打造自己的品牌，是王雪红基于企业发展和责任感的决定。HTC实现了王雪红的梦想，也承载着她一直以来的理念。

作为当今最热门的高科技产品，智能手机其实与PDA构造原理一致：三至五寸的屏幕大小、用户可以一手掌控。这项10年来最重要的科技创新，在成本降低之后，将极大推动移动互联网的发展。

从WinCE、Win Mobile到Android，不论谁开发软件系统，宏达电都是全世界市占率最高的硬件制造商。"要站在巨人肩膀上也不是很容易，也得他愿意让你站。"王雪红说。

为确保宏达电的手机芯片订单，全球首大IC设计公司高通首席执行官Paul Jacobs，年年到桃园拜访。相形之下，同城的联发科，一直不得其门而入。从PDA到智能手机的转型，确立了HTC高端手机制造商的稳固位置，迄今，这仍是HTC最核心的竞争力。

品牌，是HTC进行差异化的最大筹码。

王雪红在访谈中也曾说过，改走品牌路线，意味着会失去很多客户。后者绝不想和潜在的对手合作，会毫不犹豫地抽掉代工订单。为尽可能弥补订单损失，HTC仍继续了第一次转型过程中合纵连横的策略。深度合作的对象不再是IT公司，而是电信运营商。HTC手机好、配合度高、做生意又不强势。这是宏达电子与运营商实现双赢的关键。最重要的一点，是电信业者也不想卖没有品牌知名度的手机。"

和另一隐形冠军富士康类似，宏达电子的经营团队曾不对外曝光，不谈论代工出货量，财务数字一直密封到挂牌上市前。但如今，高管们却经常持一新款智能手机，频频登上欧美时尚秀场。HTC品牌已成功蜕变。王雪红及宏达电子的重要领导人也时常做客访谈节目，力争做到品牌宣传的效果最大化。

相互依托的品牌策略，成为HTC第二次转型中最重要的一环。其实，宏达电子专心经营运营商，最初有赖于微软从中牵线。微软认为在3G时代，智能手机业会由运营商主导市场，针对每家运营商都有独立的服务团队。这样一来，也间接带动宏达电搭建关系网络。

当年，王雪红为得到微软创始人比尔·盖茨的认可，每次见盖茨，都背上重达十几公斤的HTC产品。每讲一款就拿出来做演示，直到后来拿出让盖茨眼睛一亮的产品，这让微软成了HTC一路走来最坚定的支持者之一。

而HTC的成功却并不依赖于偶然搭上这班高速行驶的巴士，而是对转型趋势早有判断。这很大程度上得益于宏达电与科技巨头的广泛合作。随着智能手机的崛起，台湾小公司宏达电与微软、英特尔、德仪等数十家欧美电信公司，组成了一个"共生"系统。

根本上，智能手机有助于运营商突破语音话费的天花板。收发e-mail、上网、下载APPS等新应用带来更多的缴费。欧洲手机用户月度平均话费从25欧元升至76欧元，这导致电信运营商非常依赖HTC。

不同于惠普、戴尔与台湾笔记本计算机代工厂间互相拉扯利润的关系，宏达电的酷炫智能手机，让微软、英特尔、德仪、高通和数十家欧美电信公司同时获益，这些国际巨头也乐得为HTC倾注资源。在西方商业杂志上，无论是运营商的广告，还是微软平台广告，正中央都摆着HTC的手机。

美国Verizon主打4G的LTE网络，与HTC在今年3月中推出"Thunderbolt"两周内，销售量达26万台，成为全球销量最多的LTE手机，甚至超过Verizon版iPhone 4。Verizon从渠道到广告，对HTC偏爱有加。

一次，美国人口普查局有一次决定配给每位调查员一台微软平台的智能手机，共50万支的订单。业内本预计摩托罗拉接单，孰料最终给了当时名不见经传的HTC。普查局的理由是：HTC能够完全切合我们的需求，又有大型电信运营商的背书。

"我们从来不只做客户觉得好的产品，那是代工厂的想法。"对HTC来说，我们定义自己的产品。对台湾企业乃至亚洲企业来说，HTC品牌塑造历程也是意味着一场行业格局的洗礼。

就这样，HTC开创了手机制造商与电信运营商的合作模式。如今，HTC深入合作定制化手机的运营商，全球超过50家，而台湾手机代工厂平均客户数不超过3家。由于每家运营商都有不同的服务接口需要定制，宏达电的优势日益明显。

很多欧美大型电信运营商包括Verizon Wireless、T-Mobile、Orange、Vodafone等，都在协助HTC树立品牌。根据宏达电的无线通信芯片供货商、博通(Broadcom)执行副总裁贺斯顿(Michael Hurlston)的观察，美国4家电信运营商中，有3家销售第一名的手机，都来自HTC。

所以，当HTC在进入市场之后，产生的影响是迅速有效的。它强烈地冲击了老牌手机如诺基亚等的市场占有率。2011年第一季，诺基亚仅售出1亿760万支手机，市场份额仅25.1%，是1997年以来的新低。同期，HTC销量达到930万支，不仅跃居为全球第七大手机制造商，而且取代RIM成为美国市场第二大智能手机品牌。令诺基亚们焦虑的是，这个数字还在膨胀。近期发布的第一季财报中，这家凭借Android系统征服世界的手机制造商售出970万支智能机，同比增长192%，借此，其税收净利润达新台币148.3亿元，年增长率达196.8%。

凸显HTC强势地位的消息接连不断，首先是市值超过行业领袖诺基亚，接着，在Forbes杂志最新全球亿万富翁排行榜中，HTC董事长王雪红以68亿美元资产成为台湾新首富。而2010年的台湾首富、鸿海集团董事长郭台铭身价57亿美元，跟在国泰人寿蔡宏图(专栏)家族之后，屈居第三。二人身价的消长，映射出台湾科技产业变革的曲线。王雪红看准智能机趋势，而坚守代工的郭台铭，始终在成本增加、毛利减少的压力中煎熬。

当初同时预测到智能手机未来的公司，几轮角逐下来，王雪红身边的对手已经越来越少。

女人与苹果的战争

很奇怪，女人与苹果之间总是有着说不清楚的关系。不管是伊甸园中夏娃被蛇诱惑而摘下吞吃的那个苹果，还是引得特洛伊战争爆发的那只金苹果，亦或是白雪公主吞下的那只毒苹果，大概女人与苹果之间的纠缠是说不清道不明的。那么对于王雪红的HTC来讲，引发智能手机业界大乱的那只苹果，便从2007年苹果推出的第一部iPhone开始。

现在，只要提到智能手机，一定就会提到苹果和HTC。王雪红曾经自信满满地表示：在美国，使用HTC手机和苹果手机的人几乎是一样多的，可见其对自己产品信心十足。

"对乔布斯，我有不同看法。"王雪红对《时代周报》记者直言："HTC跟苹果就是不同的。我认为智能手机时代刚开始。乔布斯是认为一个产品可以满足所有的消费者，我们认为每一个消费者都应该特别被满足，所以这是不一样的。"语言委婉，却也透着强硬。王雪红话里藏针，其实挑战意味十足。

不仅是王雪红，整个HTC已经有很强的挑战苹果的勇气和信心，而且贯穿公司的整个管理团队。

如去年4月在HTC发布S710d的活动上，HTC的CEO周永明就表示：HTC只把苹果作为竞争对手，苹果是HTC下一个超越目标。

要想超越，就得先了解对手，王雪红对苹果和乔布斯的另一面看法透着她对苹果的深刻理解："我觉得乔布斯绝对是一个创新的人，他绝对是有执行力的，这很重要；第二点，乔布斯一开始就觉得硬件和软件是一体的，从他的Mac开始，乔布斯认为软件和硬件就得结合；第三点，他觉得科技产品是lifestyle，是改变生活的，是文化。"

有记者在采访时问她："现在大家都在说，你是乔布斯的挑战者？"

王雪红说："乔布斯我非常佩服他。但我觉得在创新上，我们应该可以领先Apple。乔布斯专注于一个设计、一个创新、让一个iPhone适合所有的人。我们不一样，我们要做的是适合不同的个人。基本上我们认为任何一个enduser都会有不同的需要。譬如说一个上线领袖，他需要的可能是E—mail。或者可能随时都要召集一个电话会议。我们所设计的智能型手机，只要翻过来一放下去，像这样让整个背面盖子朝上，就是自动的conference call。这种智能型的手机，以后就非常适合贴身使用。

这段话是王雪红在2009年10月9日接受《外滩画报》记者采访时说的。就在这一年，3G智能手机的增长速度超过20%，成为全球手机市场的亮点，以苹果iPhone和黑莓为代表的智能手机成为移动互联网应用最热门的终端，苹果公司则是凭借良好的市场销量，进入了世界前五大手机制造厂商行列。而宏达电子目前是全球最大的智能手机代工厂商，全球最大的window mobile 智能手机生产厂商，微软windows mobile最紧密的合作伙伴之一，垄断了80%左右的市场份额。

从上面，我们大概可以看到Apple与宏达电子的竞争关系。根据易观国际的数据，美国第二季度智能手机市场，HTC以25%的市场占有率仅次于苹果。除了市场占有率的较量外，在专利领域，王雪红这些年也一直与苹果较着劲。

在IT行业，企业之间的专利纠纷似乎早已成了家常便饭。苹果对HTC的诉讼便是在智能手机领域。近年来HTC在法庭和市场上与苹果也有着多次的短兵相接。当下专利大战硝烟正浓，但在背后运筹帷幄的王雪红依然表现出平和稳健姿态。

2010年3月，Apple控告宏达电子，声称宏达电子侵犯Apple20项与触控和选单控制有关的专利，这些专利涉及iPhone手机的用户界面、底层架构和硬件等等。这距离王雪红说的那段我们可以领先Apple的话仅仅5个月的时间。

苹果CEO在一则弥漫着火药味的声明中表示，对于眼睁睁看着别人偷走我们的专利技术，我们决定此案去行动。竞争是必要的，但是我们的竞争者应该创造自己的技术，而不是偷窃我们的。

对于Apple的起诉，第二天宏达电子就发表声明称，Apple起诉宏达电子侵犯其iPhone智能手机专利技术没有事实依据，自主技术创新是宏达电子一直在做的事情，并且从来都严遵国际专利保护法规。宏达电子不仅是移动技术领域的创新者，而且本身也拥有多项技术专利。我们将同美国司法部门密切配合，以捍卫宏达电子的创新价值和自身权益。

作为宏达电子董事长王雪红表示，HTC是有创意也是有专利的公司，对每件事都非常有计划、有创意；科技公司都希望保护自己的专利，当别人控告他们的时候，自己就要有能力保护专利，对此HTC非常有信心。同时她对智能手机市场的展望依然非常乐观。而宏达电子北美地区副总裁声明，我们采取行动反抗Apple ，保护我们的智慧财产权，我们的产业伙伴，最重要的是使用宏达电子手机的客户。

苹果起诉HTC专利侵权的同时，威盛电子旗下的S3 Graphics也在起诉苹果侵犯其专利权，并得到了ITC支持。宏达电子同时对App电脑提出专利侵权诉讼，指控Apple侵犯了其5项专利，同时还向美国国际贸易委员会提出控诉，要求禁止Apple在美国市场销售iPhone及其它Apple产品。不难看出，苹果 VS HTC，并不是一场"一边倒"的战争。

事实上，在智能手机行业里，像Apple和宏达电子之间这样的专利诉讼并不新鲜。对于专利互讼的反思已成为很多业界权威的一致看法：专利互讼正成为扼杀创新的工具。2009年12月，一直作为全球手机市场的龙头老大诺基亚就首次起诉Apple iPhone产品，称Apple几乎所有产品都侵犯其专利，并要求美国禁止进口Apple生产自中国的iPhone、iPod以及Mac电脑。随后，Apple在2010年1月，对诺基亚进行反诉，控诉诺基亚侵犯了其13项专利，并向美国国际贸易委员会提出控诉，要求禁止诺基亚手机的进口。

在这场战役中，诺基亚在智能手机市场几乎是惨败，由于不敌iPhone的强大吸引力，加上智能手机表现不佳，整体业绩也出现了6年来的首次季度亏损。于是在2010年，诺基亚再次对Apple提出起诉，指控Apple再次侵犯了其5项权利，其中包括最新推出的iPad也在侵权范围内，Apple股价在消息发布后大幅下跌8.5%。

在智能手机最为流行的北美市场，Apple还遭遇了除诺基亚之外的谷歌Nexus One ，摩托罗拉Droid以及由Verizon Wireless经销、宏达电子代工的Droid Incredible等产品的冲击。由于宏达电子生产的多款高端手机都是采用谷歌操作系统，因此外界猜测Apple不但是对宏达国际进行起诉，同时也是间接对谷歌发起攻击。2011年7月25日，谷歌法律总顾问肯特·沃克尔接受采访时指出"科技行业面临一个很严重的问题，软件专利诉讼正在干扰正常的创新活动"。可以预计，最终，苹果和HTC应该选择在市场而不是法庭来较量，让消费者而不是法官来扮演裁判角色——这才是商业和自由市场的真谛。

宏达电子向美国国际贸易委员会提出的诉讼，使宏达电子与Apple之间的专利纠纷升级，但是据分析，在短时间内，宏达电子要求禁止Apple产品销售控诉难以实现专利纠纷案的解决一般都需要经历几年的时间。

有分析师表示，同苹果之间的专利诉讼案在短期内不会对宏达电子造成重大影响，但其影响在未来的3—4年内会逐步显现。由于宏达电子大约一般的收入来自美国，为拓展美国市场，宏达电子同T—Mobile等移动运营商达成了合作协议，即宏达电子为各大移动运营商生产定制化的智能手机，移动运营商会在此类产品上捆绑其他服务。所以这一诉讼可能会影响宏达电子与合作方的关系，合作方若从长远角度看，会担心惹上官司，从而选择宏达电子新产品时会采取谨慎态度，或者会要求宏达电子降低手机定价，以减少移动运营商所面临的市场风险，而宏达电子在美国的这一重要市场也势必受到影响，可以说，这是对王雪红的又一大考验。也意味着，在智能手机这一竞争日益激烈的市场，有更多的挑战在等待着宏达电子。

其实，从某种意义上讲，Apple起诉宏达电子，正说明宏达电子取得了市场成功，美国硅谷的现状就是这样，如果你对我的业务构成了威胁，我就会对你提出诉讼，使你放慢市场成长速度。北元大证券大中华区主管加里如是说。他还表示，在短时间内，宏达电子手机出货量不会受到这起官司的任何影响。

2011年7月6日，HTC宣布以3亿美元收购威盛电子旗下的S3 Graphics，从而获得其开发团队、知识产权和大量的图形与视频技术。这次收购，无疑会大大增强HTC在知识产权上抗衡苹果的力量。王雪红曾信心满满地说："专利纠纷对HTC不会有任何影响，HTC不仅有信心争取胜利，而且坚持创新让我们更有信心在全球智能手机市场，这个真正展示品牌实力的竞技舞台，创造HTC独特的价值！"

一位熟悉王雪红的业内人士表示，以王雪红一贯低调务实的行事风格，她不会高调地和乔布斯直面交锋，而是会带着她一手打造的包括HTC在内的庞大IT帝国与苹果打场持久的硬仗。与全球最牛气冲天的企业展开较量，除了高达68亿美元的身价，王雪红的信心来自哪里呢？

王雪红的信心，首先来自她在国际巨头林立的高科技领域勇于挑战的传奇经历。从创立以芯片起家的威盛电子，到打造智能手机自有品牌HTC，王雪红和她创办的众多创新型企业，一步步成为英特尔、AMD、诺基亚、苹果这些国际IT巨头最有力的竞争对手。作为台湾经营之神王永庆的女儿，王雪红始终相信，"外国人能做到的事，中国人一定能做到"。

不仅仅是威盛、HTC等人们熟知的科技企业，2011年初王雪红跨界收购并入主香港TVB，实现了从IT王国到传媒王国的跨越，拥有一个从硬件、内容到服务相结合的庞大全产业链布局：由她创办和投资的高科技企业众多，他们横跨芯片设计、软件服务、信息通路、智能手机制造、资讯传媒等众多领域。不管是驾驭复杂多元的局面，还是面对激烈的国际竞争，这位笑声爽朗的女企业家显得愈发游刃有余。不难想象，面对今日HTC与苹果的专利之争比起当年威盛与英特尔的那场恶战，如今已位居台湾首富的王雪红，显然更多了不少筹码与自信。

美国国际贸易委员会（简称ITC）相继就苹果和HTC及其新收购的S3 Graphics之间的专利纠纷做出初始裁决，为这场专利大战又增添了些许火药味。

不过，收购S3 Graphics来增强自有品牌HTC的专利话语权，应该还只是王雪红依托威盛电子的知识产权对抗苹果的牛刀小试。作为一家以芯片研发为核心业务的高科技企业，威盛电子通过20多年的持续创新，已在全球拥有5000多项专利技术。恰如此番S3 Graphics起诉苹果侵犯其专利权一样，相信威盛电子强大的专利积累会让王雪红抢占更有利的位置。

HTC以自己的独特地优势对抗Iphone，是目前智能手机行业一匹耀眼的黑马。这一切暗示着，低调爆发的HTC终成为iPhone最强悍的抗衡者。这本不是属于亚洲公司的荣耀。高科技领域，在索尼和三星的黄金时代之后，亚洲公司已沉寂多年。在智能手机市场，迄今唯有HTC与三星两家亚洲公司，能与欧美巨头较量。

尽管此番HTC与苹果的硬仗才刚刚开始，但透过王雪红挑战英特尔缔造威盛"中国芯"的经历，我们相信，继承了父亲"永续经营"理念的王雪红，会在一个新的领域续写华人企业的传奇。

小手机，大辉煌

HTC从2006年转入品牌后，积极转型改造重整、加码软件与设计的赌注，终于在2010年度获得了全面性的大爆发。2010年，HTC的品牌臻于成熟，首度打出"Quietly Brilliant"的品牌口号。

HTC希望找出能够诠释公司价值，并可转化为对外沟通的品牌语言。于是Quietly Brilliant便印在了员工名片上，使每个人都成为HTC的品牌大使，与客户沟通："这样大家才会对品牌感到兴奋，进而改变做事态度。"

每年，GSM协会都会在巴塞罗那MWC大展上，举行Global Mobile Award，选出年度最佳手机、最佳公司等奖项。简言之，这份大奖可称为通讯产业中的奥斯卡。2010年宏达电首度入围，以"Hero"（英雄机）勇夺最佳手机奖，2011年则击败苹果与三星，拿下最重头的奖项。GSMA评审团表示，HTC建立创新的品牌形象，能够在不同平台中打造出优越的产品，得奖实至名归。

2010年宏达电出货量达到2480万只，较前一年度曾长一倍之多，根据IDC的市调，其全球智能手机市场占有率在2010年达到8.5％。坚实的出货力道，支撑了宏达电2010年的财务成绩单：全年营收达到新台币2787亿元（约合人民币约630亿元），其高达56.29％的股东权益报酬率，及213.94％的投资报酬率不仅双双拿下台湾榜单分项第一，更使宏达电强势登上台湾科技一百强、亚洲科技一百强双料榜首，写下宏达电在"台湾科技一百强"排行历史中最亮眼的纪录。

2011年2月，GSM协会颁发年度手机大奖，宏达电荣获通讯产业最高殊荣的"2011年最佳手机公司"大奖。2011年第一季，全球智能手机市场占有率更推升至8.9%，并且挤下三星，再度拿下Android领域市场占有率之王，市场预测宏达电2011年的出货还会持续攻顶，超越5000万台。

2011年4月6日，宏达电（HTC）股价为新台币1200元（折合人民币约270元），市值达到338亿美元，首度超越盘踞全球第一大手机制造商地位多年的诺基亚。这距离2007年苹果推出iPhone智能手机，引爆智能型手机消费市场热潮不过短短4年时间，全球手机市场的竞争关系，至此已全然改变。

智能手机竞争的关键要素包括了硬件技术、硬件与软件优化能力，而这些刚好都可以解释宏达电的出线。HTC恰巧具备了这些能力。

宏达电虽是第一次登上"台湾科技一百强"首位，但它在产业里早就写下多项第一：全球第一部WiMAX手机、全球第一部Android手机、全球第一部LTE手机、第一部WindoewsPhone7手机……宏达电的确在手机端，延续了台湾高科技产业向来骄傲的技术能力。

同时，在台湾软件圈也有个广为流传的说法：做Android开发，撇开自行创业不谈，想要有好待遇，那就要去宏达电。这样的印象，代表的不只是宏达电领先市场的软件人才竞争力，更是它多年深耕软硬件研发所累积出来的软件实力象征。

王雪红力主宏达电转型，从代工到品牌，方向虽然看来大不同，但宏达电却一贯坚守在软硬件整合上的执着。

这样的坚持让它在代工时代仍做出让人感觉"好用"的产品，订单满手。走上了品牌经营，独特的软硬件整合实力，也更让宏达电能够在竞争激烈的智能手机市场，得到了差异化的优势。

一路以来在软硬件整合上的深入投入，不仅是宏达电获得与Google一同开发Android第一部G1手机的重要背景，其鲜明的手机使用者体验特质，也在iPhone以操作接口简化降低智能手机门坎、打开消费市场的同时，让宏达电顺利转向了消费端，一系列产品都成为全球电信商操作与iPhone对打的重要武器。

"他们的成功也有幸运的地方，若是只有一家公司，市场也不会起来得这么快。"高盛证券科技产业分析师严柏宇分析。但是幸运绝不是他们唯一的资产，严柏宇认为，宏达电最可贵的资产，就是他们没有任何资产。

宏达电积极串连媒体、内容上下游的企图，已经呼之欲出。从旁观者的角度来看，这一块内容拼图，甚至已颇具规模。

历年以来，宏达电除了已收购的手机软件商Abaxia、中国内地手机软件厂网秦无限、英国手机影音平台SaffronDigital及美国在线游戏云端平台业者OnLive，并入股台湾在线串流第一品牌KKBOX一成股权之外，董事长王雪红投资触角所触及之香港TVB等华文媒体及电影垂直整合平台CatchPlay，未来都极有可能成为宏达电手机的内容后盾。

据了解，宏达电的收购与资源整合动作，仍然持续进行，它除了是台湾网络新创团队培育之初创投的重要出资人之外，包括重要外商网络公司、出版集团，也都是宏达电积极接触、互动的对象。

"Sense就是一个平台，可以把所有东西拉进来。"严柏宇更大胆预测，宏达电在内容端深耕的基础，若搭配宽带汇流趋势，将智能手机、平板计算机推升成消费者数字、云端生活控制核心，及新兴市场成长力道，未来仍然还有强大的跃升空间。

目前智能手机已开始往低价领域延伸，市场将迅速扩大，宏达电要如何做好供应链管理，在跨产品之间找到组件供应的综效，也会是考验其团队的另一项关键。

从宏达电近期重整领导团队的动作，就可大致看出宏达电的发展意图。大中国区总裁任伟光、从索尼爱立信大手笔挖来的首席运营官科斯塔洛（MatthewCostello）、首席产品官KoujiKodera，及南亚区总经理霍尼克（LennardHoornik），并新设立首席内容官一职，由收购的SaffronDigital原CEO费尔南多担任（ShashiFernando）。宏达电的组织布局，俨然成型。

没有人可以忽视这个当年还默默无名的台湾手机制造商：宏达电，它不但是台湾科技制造业经营品牌的新希望，也成为台湾从硬件核心走向软硬件整合的代名词。在世界舞台上，宏达电更是Android阵营与iPhone争王、支撑起全球出货数字的关键角色。

"他们危机感很重，永远想到最糟的状况，所以永远会有雨天备案。"严柏宇观察，在代工兴旺时，他们转作品牌；在品牌有基础后，宏达电再将焦点延伸至"内容"，搭建云端平台，以HTCSense为核心，乘载包括影片、音乐、游戏等内容服务，作为延续使用者体验的下一波差异化主轴。

如今，HTC的品牌在世界是可以去拼了。当然，我们确定的是，宏达电的品牌之路，未来还有不少好戏可以期待。

第八章 "拼命三娘"成功术

"我相信创新很重要，我怎么样去做一个产品，真正有这个创新，能够让世界的所有的客户来共同分享。但是品牌也很重要，因为品牌能够给客户留下印象。所以我认为这是一个结合，创新与品牌的结合。那我们持久地把精力投在这个地方上面，不管面对什么样的困难，我们一样解决它。"

要做就做最好

1997年，当众多商人面对亚洲金融危机战战兢兢时，王雪红却反常道而行之，加大了对智能手机的研发投入，于是宏达就在经济危机过去，智能手机市场成熟之时，毋庸置疑地成为全球最有影响力的手机厂商。王雪红说："在危机中，要让自己的软件与硬件超越其他厂商，在危机中创新，为下一次市场机遇打基础，这最重要。"

2005年底，《商业周刊》评选的2005年度"亚洲之星"，王雪红作为唯一的中国台湾人入选。她的入选是当之无愧的，如果没有她的视野与决心，没有她在困难重重的创业过程中坚守自己对产业趋势的看法，一度濒临资金困境的宏达，就不会拥有950人的研发部，就不会蜕变为2004年活力成长108%的国际级绩优企业。

2006年，宏达电子成了台湾的"新股王"，并在2009年创下2500万部的销售量，使各大手机厂商猛然惊醒，然后争相推出智能型手机。智能型手机大战的序幕至此揭开，而宏达电子也迫不得已面临苦战。

在这世界级的擂台上，业内人士给予宏达电子的不是加油声，而是如潮的衰声。宏达电子被外资券商分析师所质疑，他们担心宏达电子将受到Apple和黑莓机的威胁，从而在智能型手机市场节节败退，毛利率也会严重降低。而同时，由于得不到投资人对其的信心，牛气冲天的宏达电子股价也一度从540元价位一路下滑至295元，宏达电子只能祭出库藏股，才使股价止跌回升。

面对这场苦战，被称为"智能型手机女王"的王雪红却一点儿也没有畏战，她不但在由高盛证券举办的两岸高科技论坛上乐观地说，智能型手机的成长才刚开始而已。还曾经同媒体爽朗地开玩笑说，如果能活到90岁，也不会放弃成为世界网球冠军的梦想！

宏达电子也仿佛被她植入了乐观的DNA，以自信的态度，不断挑战巅峰。

2006年4月26日，智能型手机与PDA手机组装的独特优势让宏达电子的股价突破千元大关，成为台股16年来第二只成功突破千元的股票，并登上了新股王的宝座，市值达到3600亿元。而实际上，宏达电子不止一次获得股王封号。在2002年3月26日，宏达电子上市的时候，承销价为163.5元。随后股价就持续上涨。2005年，宏达电子不但创造了每股纯利润达33.26元的上市公司历史记录，还创下美国《商业周刊》两年来四次密集报道记录。

对于王雪红而言，一家新创不久的高科技公司就成为台湾股市的股王，这在台湾证券市场是极其罕见的。而同时与王雪红相关的投资公司的股票也普遍看涨。2006年3月，王雪红夫妇将全达国际公司2988张股票转让给王雪红成立的基督教中华信望基金会，次日股价就大涨。

目前，宏达电子公司已经是全球最大的智能型手机代工厂商，全球最大的Windows Mobile智能型手机生产厂商，微软Windows Mobile最紧密的合作伙伴之一，同时宏达电子几乎就是Windows移动操作系统的代名词Windows Mobile手机80%左右的市场份额都被宏达电子垄断，因此蓬勃发展的Windows Mobile操作系统软件自然也就为宏达电子的明天描绘了美好蓝图。

因此，可以预见的是，随着未来智能电话的飞速发展以及微软的移动操作平台的日益成熟，HTC成为未来智能手机新霸主将指日可待。

在罗马召开的"创新领导论坛"上，IBM首席执行官萨缪尔·帕尔米萨说："当今环境下，企业兴盛得靠创新，在技术上创新，在战略上创新，在商业模式上创新。"

创新，是时代的要求，更是企业发展的现实要求和长远要求。创新是企业发展的灵魂所在，没有创新，企业就如同无源之水。

2008年，一场席卷全球的经济危机压倒了很多企业，尤其是那些只靠出口或者为外国企业代工贴牌的企业，其中广东福建的中小企业和外资企业最多。中国最大的玩具加工厂、位列全球第三的广东省东莞市合俊玩具厂倒闭，致使7000人失业，它被视作中国实体经济被美国金融风暴刮倒的"第一例"，给脆弱的中国出口加工制造业沉重一击。

2009年12月8日，王雪红获得"年度华人经济领袖"奖，会后接受记者采访时，她十分感慨地说："威盛致力于高科技产业20年，一直战战兢兢，如履薄冰，却也一直坚信中国有拥有核心技术及自主创新的能力。"

有人说"超一流企业卖标准，一流企业卖技术，二流企业卖产品，三流企业卖力气"，贴牌企业就是在卖力气，也许有一时的利润可图，但必定不会长久。金融风暴到来的时候，这些企业只能别无选择地倒下。可见，金融危机不过是压倒那些贴牌企业的最后一根稻草，即使没有金融危机，这些企业也已经失去了发展的优势。所以，我们不能把失败的原因毫不负责地一脚踢给金融危机，那不过是谁能都看得到的借口罢了。在无数企业次第倒下的同时，在金融风暴面前，一些拥有自主知识产权、注重创新的企业却在大环境不景气的情况下呈逆势上升之态。

当记者采访王雪红的时候问她："这次经济危机中，威盛所受影响是不是特别大？"王雪红说："威盛的业务不是代工的，威盛是以自主创新为主的企业，因此宏观经济对威盛的影响会稍微小一点。我一直认为，对于中国企业来说，自主创新很重要，经济危机的时候，自主创新的企业的生存空间会更大一点。"

王雪红认为：经济危机中，挑战更多，未来的不确定更多，要加大投入，才有可能有更好的未来。对此，王雪红颇有心得：1997年，亚洲金融危机，王雪红投资成立宏达，最终成为威盛集团最成功的企业之一。对于王雪红来说，金融危机不只是危险，更多的是机会。她强调在危机中，要让自己的软件与硬件超越其他厂商，在危机中创新，为下一次市场机遇打基础，这最重要。

威盛能够持续成长的原因，正是由于对创新的坚持，这也让威盛即使面对英特尔这样强大的竞争对手，也生存了下来。当英特尔注重于计算机速率和高能耗时，威盛就另辟蹊径，将研发思路定位在"低功耗"上面，这一创新，不但使威盛迅速打败英特尔，还举起了"绿色计算"的大旗，成为环保节能的先驱。

对于宏达电子，王雪红还进行了运营模式的创新探索，她说，"宏达不仅具备强大的硬件研发能力，而且在软件领域也有着充分的积累，宏达最主要的愿景是做间断的科技型手机，这是需要看远利而不是近利的，因此我们没有采用OEM的方式。"如今，美国前五大运营商如AT&T，欧洲前六大营运商，如Orange、O2都是宏达的客户，宏达和营运商直接合作，为它们定制手机，走出了自己的路。

王雪红很乐观地认为，中国企业若是走向世界，必不可少的两条腿就是，创新和品牌。她表示："我相信创新很重要，我怎么样去做一个产品，真正有这个创新，能够让世界的所有的客户来共同分享。但是品牌也很重要，因为品牌能够给客户留下印象。所以我认为这是一个结合，创新与品牌的结合。那我们持久地把精力投在这个地方上面，不管面对什么样的困难，我们一样解决它。"

用人不疑，是我的原则

王雪红继承了父亲王永庆对产业趋势的判断力，并能知人善任。她创立的公司，潜伏期都不会太长，且爆发力之强，屡屡令外界惊叹。 1999年，威盛所在的芯片行业异常红火，却是HTC营运最为辛苦的时候。但王雪红仍坚持看好智能手机的前景，并未就此放弃，力挺卓火土与周永明。

一位曾在王雪红身边做事多年的中级主管分析说："王雪红能成功，最重要有两个关键：一个是她礼贤下士，另一个是她的领导学。"

"如果她想要你这个人才，一定会想尽办法把你请来。"熟识王的人士透露，为招纳一位高级主管，她会从物质、情感层面，掳获对方的心，"高薪、高职位是一定有的，但她充分让你感受到'被重视'，从最底层去建立你的忠诚度。"对于她信任的经理人，王雪红会充分授权。"她从不过问营运细节，就是拿财务报表给她看。"一位主管说，数字不理想，王雪红也不留情面。

"我用人不疑，如果不相信他，就不要请他。"王雪红对《环球企业家》说到她的用人原则，"我每天所做的事情，就是了解他们，挑战他们。"王雪红一再强调，更重要的，是让他们觉得没有后顾之忧。

但做到这点，没有过人胆识和抗压能力，恐怕难以实现。只要

HTC需要王雪红，她会动用所有关系，替公司找资源。王雪红身边的幕僚对《环球企业家》透露说，早期卓火土掌权时代，王雪红花了非常多的心思在宏达电，"王雪红是台塑出身，对一家公司该有的制度、系统很清楚，所以当宏达电要强化财务人才，王雪红便从高盛找人来。"

准确地说，宏达电的创始团队创造了这架步履沉重的创新机器。其中包括三位灵魂人物，前任CEO卓火土，现任周永明及威盛董事长王雪红。

宏达电最主要的创始人卓火土，为HTC带有偏执色彩的公司文化，奠定了底色。以技术见长的周永明为HTC的技术支持做出了巨大贡献。整个团队中的灵魂人物王雪红则是构架起整个HTC的中坚力量。

王雪红最可贵的一点是对人才的认可和在管理上的绝对支持。她对卓火土和周永明的支持和理解，放开手大胆去做的态度，成就了如今的HTC。

作为公司的董事长，王雪红知道员工的长处，也知晓团队的力量。她善于发掘每个人才的优势，并加以利用。王雪红对他们的"不作为"实际上就是最好的管理方式。

相比诺基亚、苹果和RIM公司，HTC员工的周平均工作时间为同业中最长。一周平均为108.5小时，是北欧人的2.5至3倍。如此高的加班度，必然会导致负面情绪的产生。HTC的工程师们每天会接到来自全球各个部门的约二十个"催缴"电话，内容多半是：我的东西好了吗？国外客户很急的，你知道吗？

HTC的工程师们面临着强大的压力，来自于工作难题，来自于客户催缴，所以不得不一再地加班加点。某种程度上，这是一家亚洲公司登上国际舞台必须付出的代价。HR部门在HTC拥有至高地位，被称为"Talent Management Division"，HTC员工上下班从不打卡。但也要承受高压力的工作氛围，普遍工作时间是"朝十晚一"，即早十点上班，晚一点下班。通常，夜色笼罩龟山工业区，只有HTC总部一栋大楼亮着光。

卓火土对于产品质量的专注以及对技术的深入，一直被HTC人视为榜样，至今不变。外型憨厚的卓火土，工作中却极其严苛，曾被员工称为"完美先生"。创业初期，只要员工犯错，卓火土会把他们的名字贴在公布栏上，以示警惕。就连他的爱将、现在的CEO周永明，也曾惨遭"示众"。HTC的年轻工程师们多是高学历、个性不羁的技术人才，在卓火土对中学生般负面激励的方式下，逐步熄灭光环。

令人深思的是，这种违逆西方主流的管理方式，却往往为亚洲公司带来出色的财务报表。富士康工厂中的军队式管理，被称为泰勒主义在当今的复苏（以无限提高工作效率获取最大利润的管理思想，曾在20世纪早期有效推动资本主义发展）。但在2010年爆发员工跳楼事件之前，富士康正是借此成功打造出人类历史上最大的工厂，在中国拥有超过一百万人规模。

而要以这种方式打造现代企业，领导者必须具备两个要素。其一，是个人实力与意志力的坚持。早在1992年，王雪红就与卓火土进行技术合作。当时，卓的团队解决了许多主板技术难题，让王雪红打心眼里钦佩。王雪红记得，卓火土很早就想做掌上电脑（PDA），"我跟他讲到我的梦想，发现他的梦想跟我一样，我们一直在谈怎么样不带着PC到处走。"当你知道有人帮你实现自己的梦想时，真的非常高兴！"对移动互联网持有浓厚兴趣的王雪红，曾对《环球企业家》记者兴奋地说。

55岁这年，卓火土决定退休："其实很多东西，到最后都是要放下的。既然要放下，我想早放会比晚放好。"卓火土对《环球企业家》记者说。就这样，他舍掉十亿人民币以上的股票分红及台湾股王的荣衔，把重任交给他的创业同伴——周永明。

2005年上任CEO的周永明，师承卓火土，除了追求完美、非常挑剔，更重视细节，2008年即被美国Forbes杂志盛赞为"细节先生"。

任何一款HTC智能机，周永明都会要求工业设计部门，至少做出50种颜色供他挑选。同为蓝色，天空蓝与海洋蓝大为不同。许多颜色若不摆在一起，难以区分。周永明对颜色细腻的洞察力，或许源于年轻时的体验。这位流离来台的缅甸侨生，就读于基隆海洋大学，看了四年大海。在台湾高科技行业，他的起点是"零"。

他深知如何调动HTC员工潜能，来应对苹果的竞争，以及消费者对手机外观的日益苛求。周永明很早就在公司日常运营中提倡并落实"设计思考"（Design Thinking）。每个工作日下午5点30分，桃园总部的设计中心总会涌入来自六七个不同研发团队的工程师，每个人把自己负责的项目，直接和设计部门的同事讨论。

这个思路是对硬件设计传统的颠覆。一直以来，这个领域崇尚功能，外观死气沉沉（如早年的戴尔）。苹果在近年来蹿升的影响力，如同对戴尔们的讽刺。

HTC敏锐地意识到苹果的成功秘密：对于智能手机，除功能外，设计是更主要的卖点。一个按键触感如何，消费者一摸便知。"1毫米的误差都不行。如果每个环节都多1毫米，最后产品就会像砖块一样！"HTC创意官陆学森对《环球企业家》记者说。

周永明深知设计工艺的微妙。一支智能手机的模型制作好之后，他还会闭上眼睛，放在手中细细体验触感，以及其中蕴藏的难以描述的生命力。

周永明常要求工程师把手机模型拿到耳旁听十分钟仿真，工程师回答：两分钟就够了吧？结果被斥责说："电话常常讲十分钟以上，如果手机贴在脸上十分钟后感觉不舒服呢？"

但你不得不承认，一位极端挑剔的CEO，和打造奢侈品般的高标准之间，成正比关系。这也是HTC明星手机高命中率的原因所在。

发现人才，任用人才，才成就了今天HTC的美好未来。王雪红，一个领导者的力量，由此显现。

与其父王永庆在台塑集团的中央集权制度不同，玉雪红不仅有一双识人的慧眼，而且能够充分授权，充分发挥手下每一个人的聪明才智。"用人不疑，疑人不用"是王雪红的用人信条，正因为王雪红的这份大气，在她周围聚集了大量像陈文琦、林子牧、卓火土这样卓越的经理人。她说："如果不相信就不要请他。"对这些人，她说："像卓火土、陈文琦，都非常努力。他们都是聪明的人，却又不心浮气躁，这是我要向他们学习的。"还说："我仅仅是他们的合作伙伴，他们有什么方面需要我，我就会加入，帮他们做这方面的事情。在各自领域，他们是专家，比我懂得多。"

王雪红也不止一次对外表示，她看中的就是陈文琦及林子牧的聪明才智，自己可以退居二线，让专业经理人放手一搏，充分授权，不抢风头。威盛的总经理陈文琦、研发副总经理林子牧，都毕业于台大电机系，又进入以出诺贝尔奖得主闻名的加州理工学院。林子牧隔壁班的同学吴向辉在《拒绝联考的小子》一书中这样描绘林子牧：他在上学的时候数学几乎都是满分，偶尔算错了老师还以为自己答案错了。聪明之极的林子牧让吴翔辉觉得人生没有希望。陈文琦和林子牧本来都有自己的公司，但是由于他们与股东的理念不合，失意时被王雪红接纳，加入她购买的一家美国公司VIA。陈文琦规划策略，王雪红负责市场，林子牧在美国掌管研发，威盛由他们三人共同组成了铁三角。手中的三十多家公司，从来都不是她一个人说了算。

　　台湾商界的普遍看法是，在知人善任这方面，王雪红深得其父风范，可谓青出于蓝。王雪红从来不给部属压力，并能忍受部属的失败。王雪红的表哥、建达CEO高英聪评价她说："她从小就非常大方，不爱计较，她认为这是来自于家庭的教育，她母亲也非常宽厚慷慨。"按照他的评价，王雪红对部属最好的程度已经接近了"宠"的阶段，特别是部属犯错时，原谅得特别厉害。

　　宏达总裁卓火土就是个典型的例子。宏达1997年成立时，王雪红认为应该做PDA，更有创新空间。但被她挖过来的卓火土认为做笔记本才有号召力，才容易招到人。王雪红尊重卓火土的意见。后来，由于台湾另一家笔记本代工厂商迅速飙升，卓火土冒险失败。这次冒险失败使宏达亏损10亿新台币，因为业绩亏损，宏达融资也受到了影响。但王雪红并没有因此对卓火土失去信任，仍然让他负责宏达。

　　宏达有年营业收入突破200亿新台币，每股盈余高达9元新台币的

辉煌业绩，同时也曾经经历过亏损10亿新台币的黑暗期。那时，宏达为康柏做的两款PDA在市场上投放都失败，继而又新开发出两款，但是银行已拒绝贷款。又遭遇广大计算机崛起，笔记型计算机事业受挫，累计亏了10亿新台币。这个令个性老实的总经理卓火土内疚不已，他打算抵押房子，还带了自己的存折去找王雪红。

王雪红看着满头大汗的爱将，平静地说，钱的问题你不用操心，一切有我，我相信你，不要让我失望。

王雪红说，并不是他们做不出产品，而是市场还没有起来。我相信神，相信产品，相信卓火土，所以我不放弃。

此后，卓火土带着自己的研发团队，埋头于研发实验室，几乎不休不眠，半年后市场露出曙光，宏达等到了营运逆转，成功翻身，成为王雪红的企业王国里，最具竞争力的企业之一。

在媒体面前主动谈起王雪红的时候，这个研发高手、个性木讷的卓火土，总是说她很好，真的很好。他深切地感激着她，并更加努力地去创造辉煌。

找对人，靠眼光

《天下无贼》中贼头黎叔说过这样一句话："21世界最贵的是人才。"企业没有人才就谈不上企业未来。从某种意义上说，创业就是梦想加人才。当初王雪红带着中国芯走进中关村的时候，第一步就是谋求人才。其中，徐涛成为王雪红布局海峡西岸、谋篇大陆市场的得力干将。

20世纪80年代，徐涛于台湾交通大学电子工程学系取得学士学位，毕业后即投身IT产业，并伴随台湾IT产业的高速成长积累了丰富的企业管理与市场经验。20世纪90年代中期，当网易与搜狐还没出生的时候，徐涛就已经从台湾来到了大陆。此时，中国本土IT业才刚刚起步。在中关村，徐涛算得上老资格了。

徐涛对自己的评价就是："我是个很专业的人，同时也是个追求完美的人。"他就是凭着这股执著与永不满足的劲头，一直掌舵者威盛中国，从2000年至今，徐涛已经为威盛服务了12年。

12年前，来自威盛集团董事长王雪红的一个越洋电话，改变了徐涛的职业轨迹。在短短17分钟通话时间里，徐涛凭着与王雪红对"大陆将成为未来全球IC产业竞争制高点的"认同，和对"做世界第一流的中国人自己的芯片"信念的笃定，做出了加盟威盛的决定。从此，他成了威盛中国工号为0001的员工。

面对全球IC产业风起云涌的竞争格局，徐涛在加入威盛电子后，同王雪红的想法不谋而合。他们深信大陆，尤其是中关村的发展潜力与环境优势，将是威盛电子真正成为国际化企业的立足点。

于是徐涛从燕山酒店一个120平米的房间开始，带领威盛中国发展壮大。徐涛描述那时自己的生活感受就是"很辛苦，但是很充实"。他每天工作10－12个小时，几乎没有时间用来跑步、看书和休息。但是看到威盛中国在自己的领导下蒸蒸日上的发展，他觉得再辛苦也值得。徐涛给自己的工作业绩打85分，他说："那15分是因为王总对我们的期许很高，因而还需要我和我的团队一起来努力。"

在6年时间里，徐涛走出了临时办公的燕山酒店，搬进了新建成的极具硅谷风格的威盛大厦。他从招兵买马、广纳贤良到战略布局、开拓整合，短短时间内，就成功组建了一只充满朝气而精干的团队，完成了威盛电子在大陆谋篇布局的三项大事：中国区运营总部赫然矗立在北京中关村清华科技园；上海张江科技园的重点技术研发中心与惠普比邻而居；杭州、深圳等地的应用技术中心亦相继拔地而起。如今，威盛中国已经成为威盛全球三大战略中心之一。

有人问比尔·盖茨成功的秘诀，比尔·盖茨说："因为有更多的成功人士在与我合作。"陈安之的《超级成功学》一书中也提到："先为成功的人合作，再与成功人合作，最后是让成功的人为你工作。"

成功就是找对人、做对事，纵观那些在商海里成功的人，除了靠自己的聪明才智外，他们的手下必定有一批优秀的人才。而这些优秀的人才，最基本的一个特点是聪明。

Sun公司CEO麦克尼里相信，一个公司的成败和它是否雇佣了聪明人是紧密相连的。他称自己已经看到了绝顶聪明的人的智慧与普通人完全不同的运转方式。Sun的建立者之一，现在的首席科学家比尔就是麦克尼里所认为的聪明人中的代表。比尔被称作互联网时代的爱迪生，他在全球帮助创建的一些顶级的网络技术，受到了很高的赞誉。

不过，找到对的人，并不是一件容易的事情。人才是企业最宝贵的资源，是企业在竞争中能否赢得主动的决定性因素之一。尤其是对于比较前卫的科技含量高的信息产业，聪明人的选择就显得更为重要。王雪红说："我之所以有今天的成就，单靠自己的力量是办不到的，而是得力于我广发的人际关系，得力于我的好帮手。"

给员工最大的空间

威盛旗下有威盛、宏大、多普达、全达、建达、威城、威红等30余家企业，数量比较多，总有一些记者提出一些非常具体的问题，这时，王雪红经常会说的一句话就是："具体业务我安排经理人来讲，他们讲得更好。"王雪红称自己只是职业经理人的合作伙伴，"所有的企业我都交给职业经理人。如果他能做好，我只要提供资金和其他方面的协助就可以了。有时候一个刚成立的公司，我会扎进去，帮助职业经理人做企业。如果他行政方面薄弱，我就做行政；如果他财务方面不足，我就协助做财务。"

王雪红所说的就是管理上的授权。授权，是企业管理中的重要组成部分，也是企业领导要学习和掌握的艺术。许多管理者喜欢事必躬亲，这是对员工智慧的扼杀。长此以往，员工容易形成惰性，责任心大大降低，可能造成权责不清，消极怠工。情况严重者，会导致员工产生逆反心理，即使工作出现错误也不情愿向管理者提出，结果可想而知。对于那些做得不错的经理人，王雪红能够充分授权，提供资金和其他方面的协助，给予经理人足够的施展空间。

王雪红每个月派给林子牧在海外带领的研发团队的研发经费约2亿元，始终是业界的高标准。王雪红说："大概是我本身比较叛逆，也向往自由，我希望研发人员有足够的发挥空间。"

在宏达，王雪红还创立了一个"魔法实验室"，这个实验室不仅汇集了约50位优秀的软硬件工程师、机械工程师，还包括一位作家和一位珠宝首饰设计师。这在外人听起来十分有趣，但是王雪红却另有自己的独特想法。

王雪红认为："只有作家才知道自己在电脑上真正需要写什么东西，还有珠宝首饰设计师，他会在设计上别人没有的灵感，他真正的品味和engineer（工程师）是不一样的。我们这个'魔法实验室'里，一共有60多个人。大家不断地想新点子，他们集思广益，提出新的创新理念，设计新产品。"

"魔法实验室"里的许多人都拥有像"软件魔术师"和"机械奇才"这样的头衔。王景弘的名片上就印着"首席创新奇才"这样的称号。"魔法实验室"的重要工作便是迅速提出新概念，因为他们知道，大多数概念永远不会成为产品。王景弘曾帮助创立这座实验室。他说："我们有一个专门尝试失败的部门。在接近1000个概念中，最终只有少数几个值得尝试。"

作为董事长，王雪红不直接参与具体管理，威盛旗下的公司，只有数家是王雪红亲自打理的，更多的时候她放权给公司的高层管理者，把光环留给下属。让一群不姓"王"的专业经理人操盘，这一点不只是让外界感到惊讶，大概连她的父亲王永庆也难以想象。

一位著名企业家在做报告。当听众咨询他最成功的做法时，他拿起粉笔在黑板画了一个圈，只是并没有画圆满，留下一个缺口。他反问道："这是什么？""零""圈""未完成的事业""成功"，台下的听众七嘴八舌地答道。他对这些回答未置可否："其实，这只是一个未画完整的句号。你们问我为什么会取得辉煌的业绩，道理很简单：我不会把事情做得很圆满，就像画个句号，一定要留个缺口，让我的员工去填满它。"

留个缺口给他人，是一种管理上的智慧，是一种更高层次上的带有全局性的圆满。给猴子一棵树，它会乐此不疲地去攀登；给老虎一座山，它会重振威风，自由驰骋。也许这就是授权的意义。如果你不懂得授权，把猴子拴住，把虎圈着，后果可想而知。

当然，授权重要找到正确的授权对象更为重要。在威盛集团，几乎所有的高层职业经理人都是王雪红多年至交，比如后来负责宏达电子运营的卓火土，负责威盛电子全球研发的林子牧，负责威盛电子全球运营，目前已经是王雪红丈夫的陈文琦。

有人奇怪，为什么王雪红能够找到如此优秀的职业经理人，她说："诚信是第一位的。"

如今已是威盛电子中国区行政长的徐涛回忆当时王雪红派他到祖国大陆来时的情景，仍然感慨不已："当时，我还在台北，王董事长在美国。她打电话过来，说要让我去大陆开发市场。我们一起探讨了大陆市场的前景，总共交谈了17分钟，我就决定来了。对于一个职业经理人来说，这种信任和发展的空间是非常难得的。"

在以男性为主的IT领域，王雪红能够做得顺风顺水，很大程度上可以说就是高度授权，让下属自律、自动、自发的结果。

作为一个成功的伯乐，不仅要会识千里马，还要让千里马始终无悔地奔驰万里。王雪红具有激发伙伴潜在热情的鼓舞力。威盛旗下的宏达集团总经理卓火士、全达国际总经理陈永源、建达国际总经理吴荣敏，都曾是自行创业的商业猛士，但深谙柔性管理之道的王雪红，却深深地打动了这些专业人士，让他们纷纷投入麾下。

最没架子的女老板

柔性管理是相对刚性管理提出来的。刚性管理是指"以规章制度为中心"，凭借制度约束、纪律监督、奖惩规则等手段对企业员工进行管理。事实证明，单纯依靠制度来实现管理的刚性管理方式，已经不能适应当代企业的需要。很多企业的运行已经不仅仅是程序化的生产活动，而是需要发挥人的创意和潜能的创造性活动。所以，管理者有必要在制度中融入柔性的管理方式，通过情感上的沟通和交流，实现员工的自主管理，充分发挥员工的积极性和创造性。

在台湾，王永庆被誉为"经营之神"。"台塑"的偌大基业，不仅需要超乎寻常的经营，更需要扎扎实实的管理。从最朴素的"止于至善"的理念出发，王永庆为台塑提供了永续发展的动力，在不断追求合理化的过程中，台塑集团获得了超常规的发展。其中，王永庆提出的"永续发展"、"追根究底"等管理理念和方法得到了广泛流传。作为王永庆的女儿，传承父亲王永庆管理智慧的同时，其身上更多了几分女性的细腻和宽容。

在台塑人的眼中，王永庆是近乎神的，总是严厉而难以亲近的。他很少同员工有真正的私人感情上的交流，同属下的交谈也都止于工作，虽然这样可以使王永庆和所有人的关系都一清如水，但是，却导致了员工的频繁跳槽。

1983年，在台塑发生了"武朝煌跳槽事件"，武朝煌原是台湾中兴大学财经系的高材生，因治厂业绩突出被王永庆重用，但是，就在任命武朝煌出任"台塑"总管理处总经理室副主任不久，王永庆就收到他的一份辞呈，令他大感困惑和震怒的是，武朝煌自己离开台塑的同时，还带走一些重要的管理人员。对此，王永庆的弟弟劝告大哥："对于知识分子，重要的是要给他们以尊重。"王永庆认为兄长的威风作风得罪了那些知识分子："大哥，有你在台塑，你的一句话可以成为所有员工的动力，这当然很好。可是，我始终担心以个人权威建立起来的这种治厂作风，有一天会不会因为过分地强调权威而发生崩离？"

　　也许正是他这种坚硬的性格，才让王永庆从无到有地从一个小商人变成了身价数亿的大企业家。所以王永庆的行事风格，并不是弟弟的一番提醒就可以改变的。正因为如此，"台塑"在武朝煌等人离去以后，大大小小的"跳槽事件"仍然时有发生。面对一些重要管理人员人心浮动的情况，王永庆也采取了一系列行之有效的措施。尽管这样，最让人伤心的"黄明富跳槽事件"还是发生了。台湾的报纸对黄明富的跳槽进行大肆炒作，因为黄明富一直是一个安分守己的高级主管，他在别人眼中一直都是王永庆身边最信任的高级幕僚，多年来为王永庆看守"台塑"的财源。黄明富的离去，意味着"台塑"将要面临指责、非议和财务上的麻烦。面对这样的情形，王永庆只好放下董事长的架子，亲自造访黄明富，才遏制了"台塑"集团动荡不安的"跳槽风波"。

　　从王雪红身上，我们虽然也可见当年王永庆的影子——拼命、认真、坚韧。但强悍之下，也难掩王雪红的柔性管理之道：善察人心、姿态柔软。

在威盛集团，大家普遍认为王雪红董事长易于接近、易于沟通。前中华开发副总经理、现任玉山科技协会秘书长张忠本说："王雪红对员工非常好，不曾听说她在公司骂过员工。"

张朝深和王雪红共事多年，她说："虽然王雪红是出资者，是老板，但我可以和她大声说话，她从不生气，给我空间，其实更让我佩服。"

当管理者不再"以规章制度为中心"，不再单纯凭借制度约束、纪律监督和奖惩规章等手段进行管理，而是采取非强制性手段，以人性化的管理理论为基础，通过管理者与员工的心灵沟通，来达到员工的自我管理，员工自然就能自觉地把头脑中的知识和创意奉献给企业，并把企业的发展目标和自己的个人意愿统一起来，增强企业的凝聚力。因此，王雪红手下很多人都是大年初一还会来上班的忠实分子。

王雪红每天所做的事情，就是了解她的员工，挑战她的员工。让她的员工能够专心工作，没有后顾之忧。例如，她曾经把宏达首席执行官周永明送去哈佛商学院攻读MBA课程，以准备好担起重大责任。她的下属可以和她开玩笑。当下属出现焦虑时，她也会想办法主动缓解。例如，在威盛推行迦南计划的时候，往多媒体领域芯片积极发展，作为研发的领军人林子牧压力非常大。王雪红便会找出时间安排爱唱歌的林子牧去KTV减压，当他唱周杰伦的"双节棍"时，王雪红自己不会唱也跟着鼓掌。

王雪红在下属眼中的形象，永远是性格爽朗、待人真诚、乐观自信的。她的人性化管理满足了员工的高层次需要，因而能深层次地发掘员工的工作潜力，增强员工的主人翁责任感，使其不仅自觉恪守工作标准，而且愿意挖掘潜能，发挥天赋，做出超常的工作成就。

敌人不能击倒王雪红的信心，但是人员流动、士气低落，却是王雪红不能不正视的问题。有的部属抱怨说："老板处理这些事的反应太慢了。"也有部属用"暴发户"形容威盛，在短时间内窜起，公司快速成长到2000人规模，管理失去章法，并且支出浮滥，稽核不严。甚至有主管说，老板宁愿花时间去聚会，却没有时间见他们，让大家很失望。

而事实上，公司正在推动迦南计划，将事业切割为芯片组、处理器、光储存芯片（独立为威盛科技）、绘图芯片、网络芯片（独立为威盛科技）五大领域，也就是在做组织的整理和管理系统的确立。王雪红感叹："只是我们传达信息的品质太差了，很多员工都不理解，迦南计划仿佛只是对外宣战，对内却效果茫然。"

对员工的信心问题，王雪红十分重视，她除了通过电子邮件强化和员工的沟通、训练主管对员工的领导，也推进管理电子化，一定额度以上必须由她来签核，并且将威盛全球的事业单位联机，系统化管理所有的人事和厂商的往来。

一个人到一个企业来工作，物质待遇固然重要，但在某种程度上说，精神待遇同样重要。人都是有情感的生灵，客观地讲，被关怀，一定程度上是每个员工内在的特殊动机和需求。作为企业管理者适时地对待下属进行感情投资，往往会收到春风化雨的奇妙效果。

王雪红作为威盛集团的董事长，处处都表现得很低调，没有一点儿架子。

认识她的人，都曾领教过她那"充满男子气概"风格的打招呼方式，她会笑容满面地趋上前一直拍对方肩膀，直说"你好！你好！"由于嗓门大，笑声洪亮，会让人觉得亲切，也感受不到一丝大老板的架子，就好像遇到多年不见的好友一样。

每每在王雪红出现的场合，3分钟内就会有她开怀的笑声传出。第一句话还正常地说，第二句话开始变调，第三句话就会忍不住笑出声来。王雪红说话的声音本来就比较洪亮，大笑起来声音往往响彻四周。她的笑声，永远是一个款式的开怀大笑，绝不因为员工在旁边，或者眼前是陌生人而有所变化。

所以往往有她出现的场合，气氛因此也变得轻松起来。威盛电子北京总部的员工说，老板每年来北京的时间不多，每次来之前，负责接待的人都会有挺大压力，可等她来以后，反倒轻松很多了：因为她总是笑呵呵的，让你感到很开朗、亲切和坦诚。

当年，王雪红在大众电脑担任PC事业部经理时，作风非常低调。有一次她参加集团的舞会，一位外国工程师有眼不识泰山，不晓得眼前这位就是老板的妹妹，居然前来邀她共舞，舞毕，还问王雪红在哪个部门工作？她回答说，财务部门，这位老外还称赞她"很有前途"。

而王雪红也反问对方同样的问题，还煞有其事地说，"那你也很有前途"。后来此事在公司内传开，虽然是件小事，但也可看出王雪红低调、不爱张扬的行事作风。

即便是在谈论自己的业务和经营方式时，她也会变得既热情又开朗。她甚至叫员工端上她用来减轻喉咙痛的加糖柠檬汁来招待客人。

与那些处处耍官威、摆架子的管理者相比,王雪红这种亲和力自然更讨人喜欢,她不端"官架子",常常"忘掉"自己的身份,和普通员工真心交朋友。

"她有时给人的感觉是亲密的伙伴,而不是高高在上的老板。"威盛的一位员工说。

一位熟识王雪红的威盛主管表示,以前,王雪红会跟员工一起去台大跑步,跑完再和大伙到台大旁边的冰店吃冰,平时吃饭,也会和员工一起吃小吃店,完全没有大老板的作风。

王雪红的这种亲和力逐渐变成了影响力,影响员工忠诚地跟随自己。美国女企业家玛丽·凯·阿什在长期的管理实践中发现,管理者和下属员工相处,最重要的一点就是放下官架子,以平等、关爱的态度对待他们,这样,下属会以更杰出的工作成绩报答上级。

实际上,这种感觉也正是王雪红想要的。在和别人见面前,王雪红一般都会先认真了解一下对方的情况,包括见员工、见记者。这个习惯常让员工很感动,因为很少有老板能那样想着员工。曾经有记者同她会面时特地问她为什么那么爱笑。王雪红笑呵呵地回答:"那是因为看见你啊,见悦!"记者很是惊诧王雪红能叫出自己的名字,顿时感到她的独特与亲切。

在一个企业中,居于十人、百人,乃至千人万人之上的领导难免有点儿"官架子",但是究竟能不能当好领导,却并不在于"官架子"端得大不大,而在于是否具有亲和力,是否能得到员工的认可,能不能让员工真正地信服和敬仰。

是的，没有人会喜欢一个总是一天到晚黑着脸对谁都冷冰冰的老板，如果你完全可以做到让员工喜欢你，为什么不那样做呢？最简单的方法就是依据不同的人用不同的方式向他们表示你的热情。

王雪红的管理方式中最重要的一个方面就是了解公司员工的情况："我如何发现他们的天赋，让他们能获得成功？如果你跟他们交谈，他们感到你喜欢他们，你的确每天都在为他们着想。"

有一句格言是："一个自认为自己在领导，却没有人跟随的人，其实只是在独自前行。"那么如何才能赢得更多的跟随者？这就取决于领导者的影响力。而这种影响力主要来自于领导者低调、内敛的人格特质。他们更加懂得宽容、尊重以及善待自己的下属。就是靠着这种更具柔情的管理风格，王雪红赢得了一大批优秀的追随者，在男性为主导的IT领域迅速崭露头角。

王雪红低调、不爱出风头的个性在企业界也十分出名，一直以腼腆和神秘著称，坚决避免暴露在聚光灯下。尽管在祖国大陆，威盛、多普达也是为业界所熟知的企业，但作为这些企业的"后台老板"，王雪红1997年创办的智能手机公司宏达成为一颗迅速升起的新星，这位公司董事长才开始在公共场合露面。对于自己取得的种种成就，王雪红每每将之归于"上帝的引领"。

榜样的力量

很多人都在创业，创业的人不仅想挣钱，还有一个理想，那就是想成为一个企业家。那么企业家需要有一个什么样的素质呢？企业家素质的问题有很多，比如爱心、责任心、创新能力、人缘等等，其中有一个很重要的素质是学习的心态。

硅谷之父比尔·休利特认为，当今的时代是信息时代，电子仪器公司不同于传统工业，是应用最新科学技术最多最快的工业部门。这样的企业对知识的渴求，远远大于其他企业。

在王雪红进行商业运作的时候，脑海中会一直浮现着一句《圣经》诗句"在荣耀面前保持谦逊"。她说："无论何时，你的所学永远是不足的。你永远都需要不断地去学习工作，才能使你周围的人和你的客户都称心满意。"

王雪红虽然创业时从没有向父母要过一分钱，但是父亲王永庆的声望，确实让王雪红在创业时获得了一些比别人高的起点，而王雪红也从不否认父亲给予自己的一些启示。比如她还在美国读书的时候，每隔一段时间就会收到父亲的来信，父亲会在信中讲述自己在经营企业的过程中如何解决问题，如何追根究底。年幼的王雪红在当时读不懂信中的内容，认为很艰涩，但多年以后，这些信都成了她的"管理圣经"。不过王雪红除了得到长辈的指点外，更多的还是依靠自己放低姿态，不断地学习，才获得如此成就。

在科技行业，领导者所具备的首要素质就是，要对未来产业发展趋势有正确的预见力。而作为加州大学伯利克利分校经济系的毕业生王雪红，并非工程师出身。但她对行业的趋势把握却获得了广泛的认可。据称中国移动总裁王建宙访问中国台湾时，王雪红是他唯一主动点名想要见的企业家，因为他希望能够和王雪红交流对行业未来的观点。

王雪红是如何获得这样敏锐的判断力的呢？据她说，获得判断力的方法并不复杂，就是不断鞭策自己向周围的一切学习。而且在这个学习的过程中，对于把产品和技术做到最完美，她更倾向于拿出最好用和最解决实际问题的产品。

她刚刚毕业时，在姐姐开办的公司里打工。她要经常拎着体积大而笨重的计算机到处去推销，跑得异常辛苦，于是她就考虑，如果未来能够做出轻薄易携带的移动设备，一定会大受欢迎。后来宏达电子就开始做PDA。正是这种基于直觉的投资，让王雪红在对于消费者的判断上始终站在用户和"外行"的角度，将消费者有可能感兴趣的点发掘出来。

王雪红的HTC是最早开始涉水智能手机领域的公司。在全球智能手机市场趋势不甚明朗的时候，王雪红就坚持认为，若能够令具备通话功能的手机再具有掌上电脑的特性，就会在未来的手机市场中占有独特地位。因此一直到今天，智能手机一直是宏达电子的主打业务，并取得了巨大的成功。

王雪红是抓紧一切时间来学习，在等待记者采访的时候，她把整整一盒子的各款手机放在面前慢慢摆弄，同时让一旁的员工告诉她其中的最新功能，她会坦诚地对记者说："这些都是我们自己的产品哦，太多了，我都熟悉不过来，临时学习一下。"还会笑呵呵地一面解释，一面"炫耀"："就这款机器，在欧洲、美国可都是上杂志封面的，上回我拿给比尔·盖茨看，他说这是他看到的最先进的手机！"王雪红一直带着这一盒手机，和一拨又一拨的内地记者见面。

古人说学无止境，一个人的精力和时间毕竟是有限的，就算王雪红把所有业余的时间都挤出来学习，也难以将其所从事行业的知识都装到脑子里。与宏达合作的T-Mobile的一位高管表示："王雪红用消费者的眼光来管理企业，因为她不是一名工程师。很多时候，她都是凭直觉做出了正确选择。"不过王雪红也坦言自己的这种直觉判断有时候并不够用，特别是在威盛，由于涉及更多复杂的技术和研发，再加上威盛所在的芯片组以及CPU行业，依靠核心技术来占据行业地位，如果对当下的技术进行投资，那么产品出来之后一定已经落后了，所以要想做精准的投资，必须看清楚5年甚至10年之后的技术趋向。这时候，王雪红的解决办法就是找到合适的人来帮助她判断，她不再需要做技术的判断，只需要将注意力集中在对人的判断上。

不只是王雪红，所有优秀的企业家都具备这种学习者的心态。比尔·盖茨和他团队带领微软公司创造了IT业界一个又一个神话，作为微软第一位华裔副总裁的李开复，除了敬仰比尔·盖茨的商业成就之外，最敬仰的是他善于学习的性格。

李开复举了这样一个例子："我有一个朋友在微软专门帮助比尔·盖茨准备讲稿。这个朋友告诉我每次演讲前，比尔都会自己仔细

第八章◎『拼命三娘』成功术

批注并认真地准备和练习。到台上讲的时候都会讲得很好。而且，比尔每次演讲完，都会下来和我的朋友交流，问他'我今天哪里讲得好，哪里讲得不好？'并且他并不是问问就算了，还会拿个本子记下自己哪里做错了。当一个人能够在事业上做得这么成功，但还能这么敬业，还是这么谦虚，还是这么愿意学习，这是非常难得的，因为很多人成功后就把自己变得很自大。我觉得比尔·盖茨是一个了不起的人。"

只是对于王雪红来说，这种学习者的心态也是有利有弊的，优点是能够让王雪红看到消费者真正需要什么，缺点就是，这样一来导致她想做的东西太多，很多时候无法快速投入。关于这一点，王雪红也坦白承认自己的失误，她在4年前就确立了做电子书的方向，却因各方原因不够坚定，成品迟迟没有做出来。直到2010年CES展上，王雪红的一家公司SpringDesign展出的一款电子书Alex在100多款电子书中排名第一，才让她稍有安慰。

其实，不只是在商场上，学习的心态是每个人都应该具备的。不要认为自己是名牌大学毕业，是硕士，是博士，已经掌握到了足够多的知识，学习是那些没有多少文化的人才需要的。尤其是在科技进步日新月异，知识更新不断加快的今天，如果不坚持学习，不断在学习中提高自己，就会被社会无情地淘汰。据美国国家研究委员会调查，半数的劳工技能在1-5年内就会变得一无所用，而以前这段技能的淘汰期是7-14年。特别是在工程界，毕业10年后所学还能派上用场的仅仅只有1/4。只有不断学习，不断刷新自己脑子中的知识，使自己具有更完备的专业能力，才能不断地提高自己的竞争力。

一个人的成功因素不外乎两种：一是先天的智商。而每个健全的人在先天方面差别并不大，智力潜能基本都保持在一个水平线上。二是后天的学习和完善。在这方面，则是因人而异，"差之毫厘，谬以千里"，人生的成败就取决于此。

"设计是最重要的"

HTC董事长王雪红曾表示，为了在竞争日益激烈的市场实现差异化，HTC正在全球扩大设计和软件团队。她说，宏达电子欢迎来自全球的人才，这是我们作为一个公司必须做的，设计是最重要的。

在HTC并不长远的历史上，大多的时间是一家移动设备合同制造商，包括为Google生产设备。2006年时，它开始自建品牌，5年后，HTC便成为智能手机第五大厂商。现在，HTC试图成为市场领袖，HTC表示将专注于硬件和软件设计，通过此理念，HTC有望与主要竞争对手区别开来，如苹果、三星。据HTC高管透露，HTC准备在旧金山、台湾扩大工业设计团队和软件设计团队。

HTC坚持针对不同市场的不同消费者推多款设备。对于HTC来说，仅仅一个产品是不够的，仅仅技术本身是不够的，真正了解客户的需要，真正了解生活方式是什么样的，这些都是非常重要的方面。设计出符合客户需求的产品，才是HTC真正应该看中的事情。

HTC桃园龟山总部，帷幕玻璃大楼的六楼，有着这样一个角落：雾面玻璃门，身份识别传感器，隔绝出一个独立隐秘的空间。对比四周以OA家具隔间的办公区域，你知道，一定有些不想为人熟知的东西藏在里面。

进门的右手边，是一长排的简洁桌面，座位间没有间隔，每个座位前，都有一台苹果的大屏幕计算机，左手边，一组棕色系沙发，一整面深褐色书柜，上面有一个设计师们手工打造的绿色Android机器人模型。

再往里面一点，有张大型方桌，红、橙、黄、绿、蓝、靛、紫，深深浅浅的各色手机机壳，散落一整个桌面，这是开会的地方。

"我希望这里有家的感觉，我们同事之间，也像家人一样。"HTC首席创新官陆学森笑着说："就是咖啡多一点、笑容多一点啰！"这是他找人的重点准则，陆学森说，当设计师最重要的，就是要有梦想，还要愿意与人沟通分享，唯有如此，才能保持设计能量。

在空间规划中，就可以看出这点。这里没有什么屏蔽的角落，为的就是让设计师们可以随意走动、轻松交谈，陆学森自己的座位也和其他设计师在一起，"只有三个时候，我会跑到小房间，一是要决定分红，再是要跟某些人深谈，或者思考我自己的问题"。

看似温情的诉求，其实里面有着惊人的企图心与能量，绝对不是谈笑间的风趣，而是对某种价值的坚持。"就算是0.02厘米的误差都不行，如果每个环节都多了0.02厘米，最后产品就会像砖块一样！"陆学森双手比划着。

从桃园出发，串连西雅图、旧金山，三个设计团队、三种不同功能，组成了推动HTC大转型的设计金三角。

不同于桃园总部设计中心，整合了视觉、色彩研究、材料、机构、工业设计、工程协调等多样化人才，西雅图团队聚焦在人们的使用体验，比如手机的画面、功能键的长相、找出联系人拨通电话的步骤该有几个，还有顶多就是30秒长的手机铃声等等，都是西雅图团队必须缁铢必较的部分。

因此，在西雅图的办公室里，唯一的会议室，时常举办焦点团体访谈，透过另一间房间的双面镜，观察人们如何接触及使用手机，然后整理出使用行为的脉络，作为设计手机接口的参考。

"我们最大的挑战就在于，人们想用手机做任何事！"HTC用户体验负责人班佛（DrewBamford）指出。这也是对负责工业设计的旧金山团队One&Co设计公司的考验。这家成立于1999年的公司，2008年被HTC购并，成为发动宁静革命的主力之一。

One&Co目前有18位设计师，他们曾帮微软、Palm、索尼、知名设计家具品牌Council以及某知名电子书品牌设计产品，并获得众多设计大奖。公司接待区以化学元素周期表为名的"PeriodicTable"银色木桌、小会议空间的桃红色的高脚椅等极有设计感的产品，就是他们与Council合作的成果。

一开始，One&Co只是HTC在执行钻石机（Diamond）项目的外部设计顾问，因为双方合作愉快，于是在2008年，HTC提出了购并的提议。

"我们也觉得很兴奋，因为3C产品创新的空间还很大，更重要的一点，一般设计公司往往只参与了前段的开发，却很少能够走到最后看到产品的诞生，HTC的工程及制造基础，让我们有机会参与，唯一的条件是，我们希望能保持与外界接触的机会，确保设计的能量。"One&Co的合伙人柯以尔说，目前One&Co约80%以HTC的产品为主，20%则是与外界合作。

回顾HTC过去两年设计发展历程，从工程、工业设计到用户经验，要将三地设计资源整合，极不容易。整个HTC设计力的转变，"就像泰坦尼克号行驶在北大西洋海面上一样，一不小心，就会撞上冰山"，每个产品的开发过程都很痛苦，但大家都知道，这是为了走到下一个更好的阶段。"不管是设计师或是工程师，也许工作内容不同，但大家追求的事都一样，就是做出更好的产品。"

扭转"强调规格"的旧思维，从"美学"与"使用者经验"的角度来设计产品，HTC正努力让自己的风格更清晰、更亲民。

客户就是上帝

"顾客就是上帝"这种营销理念应追溯到19世纪中后期的马歇尔·菲尔德百货公司。一般认为，这家公司的创始人马歇尔·菲尔德和他当时的手下，后来创建了英国塞尔弗里奇百货的哈里·戈登·塞尔弗里奇一同提出了"顾客总是对的"（The customer is always right）这一影响深远的营销理念。同时，马歇尔·菲尔德百货公司还将零售业当时所奉行的顾客自慎（caveat emptor），即商品一旦出售概不负责的原则，改为无条件退货。并在商店设置凳子等便民设施，让那些在购货时犹豫不决的顾客坐一坐，并建立了休息区，供过于疲劳或者兴奋的顾客稍事休息以便有精力继续采购。

"顾客总是对的"体现的是把顾客置于工作中心的服务思路。在19世纪那个现代服务业还不甚发达的时代，这种营销手段自然大获成功，甚至被服务业所接纳成为一种新的准则。后来塞尔弗里奇在英国创办百货公司，就是继承了这种理念并再次获得成功。

客户是企业的资本，对于企业的发展来说，每一个客户都很重要，但客户就像朋友，也是有等级之分的，有最重要的，有次重要的，还有次次重要的。

根据二八法则，20%的高质量客户创造了80%的利润，而占80%的普通客户只创造20%的利润。有一个有趣的公式，你的工资等于你5个关系最好的朋友的平均数，那么同样的道理，如果你的客户都是世界一流的企业，那么你自然也不会差到哪里去。

王雪红认为，在企业的发展过程中，要慎重选择伙伴，包括垂直或整合，并建立稳固的关系，将有助于度过企业经营的起起伏伏。以宏达电子为例，成立初期的伙伴是微软、高通。第二阶段与电信公司合作，第三阶段则是于Google合作开发智能型手机，还有其他伙伴在进行中。有了新伙伴之后，还要继续为老伙伴创造价值，并对所有伙伴忠诚，这是宏达电子维持成长的关键。

1997年，王雪红成立宏达，当时她认为应该做PDA，但被她挖过来的总裁卓火土提议做笔记本，认为那样才有号召力。王雪红尊重卓火土的意见，结果由于台湾另一家笔记本代工厂商——广达迅速蹿升，卓火土冒险失败，宏达亏损10亿元（新台币）。人们认为，宏达的出路只有一条，就是倒闭。

就在这时，微软推出MCE操作系统，市场反响确实叫好不叫座，极少有硬件厂商与之合作。王雪红看着卓火土拿给她看的微软MCE的材料说："这个很好，威盛可以做硬件。"王雪红认为这是一个机会，她决定用那套系统来做PDA，但微软却不干。微软希望自己的合作伙伴是惠普这类大公司，而不是一文不名，甚至面临倒闭的小公司宏达。

王雪红并没有就此罢休，比尔·盖茨对这个宏达也没有在意，直到王雪红把宏达做的样品拿给比尔·盖茨，他才被折服了。王雪红清楚地记得："他特别惊奇，我们怎么能做出他的概念？"微软与宏达的合作就这样开始了。

可以说，与微软的合作给了宏达一个绝处逢生的机会。根据王雪红回忆，最初的宏达还借助微软的渠道与影响力销售产品，同时开始完善自己的销售渠道。此时宏达PDA与微软的合作还只是一个开始。宏达的智能手机、多普达高端智能手机都选择跟随微软MCE。包括1999年第一台彩色PDA和2002年第一台无线PDA。2002年，宏达电子生产出售第一部基于Windows的智能手机"Orange SPV"，并在欧洲市场销售。

王雪红说："微软与威盛是资源借重。这么多年，我与盖茨也成了好朋友，每年必须聚会一次。而盖茨每年展示微软MCE操作系统时，总拿宏达产品做样品。这是绝佳的广告。"不可否认，当初是宏达借微软的势求发展，如今当宏达越做越大，微软开始越来越倚重宏达了。现在，微软需要倚重的还有威盛旗下的多普达。

迄今为止，全球12%智能手机都采用微软Windows Mobile操作系统，美国高达20%的智能手机亦才用这种操作系统。在这些智能手机中，大约一半由宏达电子生产。可以说，宏达电子的成功一定程度上同全球软件巨头微软的成功密不可分。

如果说，微软给了王雪红的宏达电子一个绝处逢生的机会，那么谷歌与宏达电子联手推出的G1手机，宏达电子获得了其他手机厂商不具备的市场优势。

2008年9月24日，据国外媒体报道，T—Mobile于23日在纽约市宣布，将于2008年10月22日开始销售由宏达电子生产的Android G1智能手机。

谷歌与宏达电子合作的时候，宏达电子虽然已不是与微软合作时候的小公司了，但仍淹没于强大竞争对手的队伍里。而当谷歌敲定它来负责制造基于安卓系统的手机，使得这家台湾电子产品制造商在高端市场中与iPhone制造商苹果、黑莓制造商RIM等众多强手的竞争中脱颖而出，与谷歌合作无疑是在残酷市场竞争中取得的又一个胜利。

而谷歌之所以看重宏达电子，是因为它已经证明拥有设计和制造颇具吸引力的移动产品的能力。作为宏达电子董事长的王雪红也特别的自信："我们已经做好准备。我们拥有强大的客户基础，他们都喜欢我们的产品。"

因此，很多分析师和业内人士都成了宏达电子的忠实信徒。高通前高级战略副总裁杰弗里说，宏达电子长期以来就不断推动革新。直到现在，人们才开始更好地了解这家公司。

不管怎样，宏达电子的今天与王雪红选择的客户息息相关。其实，对任何一个企业来说，尤其是金融危机的今天，选择和维护你的顶尖大客户至关重要。当然，不是随便哪家公司都可以赢得与大客户合作的机会，这也需要一定的条件和技巧。

首先，打铁还需自身硬，没有金刚钻不能揽瓷器活的，同样的道理，要想赢得顶尖大客户的青睐，自身必须具备一定的实力。如果你根本没有什么实力，别说是大客户，就是小客户也不愿意与你合作。所以，要想与大客户长久合作，就要不断增强自己的实力，满足大客户需求。

其次，坚持双赢策略。合作意味着什么？就是建立伙伴关系，就是为了取得双赢乃至多赢的良好效果。在与大客户合作的过程中，始终要遵循双赢这一市场经济的游戏规则，以微利入市的做法赢得大客户的高度信任。

第三，不能过分依赖大客户，很多企业会理所当然地以为一旦钓到了大客户这个金龟婿，产品销售自然高枕无忧。所以，不少企业对大客户过于依赖，把所有的事情都包干给对方。这就使得企业对下游经销商特别是终端缺乏直接掌控力度，以致其常常被大客户的一面之言所蒙蔽，不能全面了解产品和市场信息，结果给自己造成不必要的损失。

第四，与大客户相处坚持有利、有礼、有节。对于企业的发展来说，大客户的重要性是显而易见的，但是也不应抱着一种感激涕零的思想和求客户的态度，这反而会引起对方的反感。正确的做法是应以救客户的态度，表现出企业是在为客户创造财富。求，是一种祈祷，而救，是一种帮助。因此，面对大客户，应坚持有利、有礼、有节的原则。

第九章　解读王雪红

　　每个人在生活中都会遭遇一些困难。作为虔诚的基督徒，王雪红坚信上帝会在苦难中陪伴自己，因而当她面对困难和挫折时，不会去诅咒，相反用感恩去面对。在她内心里，苦难不是苦难，而是上帝化了妆的祝福，苦难中充满了感恩和平安。

大爱的灵魂

王雪红生在基督家庭，祖父王长庚是一名虔诚的基督徒，到了父辈后，全家都信奉基督教。当王雪红正式成为基督徒时，她的生活与事业受到基督教义的巨大影响，她说："现在，我觉得神就像我身边的一个朋友，我可以经常找他倾诉和对话。"王雪红认为，创业10多年，多亏有"神"作为精神上最坚强的后盾，自己才能够一路克服困难坚持下来。

基督教信仰改变了王雪红。王雪红初出社会时也曾经个性暴躁，凡事都以数字为向导，部属都很怕她，因为如果没有达到王雪红的要求，她就会破口大骂。而她也为了等国外客户的回音而焦虑不堪，整夜不睡，守在电话旁。

但是当王雪红虔诚信主后，即使面对英特尔的缠讼，也可以处之泰然。她说："我压力大，却非常喜乐，人在痛苦的时候就寻求神，英特尔用诉讼去干扰领导者，让他们不能做事，如果我整天担心，那他就真的赢了。"

王雪红说："神一直告诉我，懒惰的人会很苦，如果你再睡的话，你的'粮仓'就要被别人抢光了。"所以她非常勤奋，每天坚持5点半起床，然后去晨跑，多年来风雨无阻，即使出差生病也无例外。

王雪红的两个孩子在美国生活，对于孩子的未来，她尊重他们的

选择，但是她内心里希望两个孩子将来能够当一名牧师。她认为：
"任何事业都像是做牧师。基督教徒无论到什么地方，神都会希望你
在那里发光。发光的意思是，光是会传热的，会让人感到温暖。所以
说做好的事业，就是做好的榜样，让人感到温暖。"

每次睡觉前王雪红都要同孩子一起祷告，当她遇到什么困难，或
感谢什么，也要同孩子们一起分享。她说："《圣经》上说的，谦卑
在荣耀之前。其实，这个谦卑就是我父亲所说的追根究底的心态，要
反省自己态度是否温和，对于很多东西是不是没有弄懂。如果我的孩
子们能够知道这样的道理，无论他们去做什么，都是继承了我的父亲
和我想要他们得到的东西。"

王雪红认为自己有两个老板，一个是父亲王永庆，每次见面，王
雪红就像一位老实本分的员工，向王永庆汇报最近的工作情况。除了
父亲，另外一个老板，就是神。王雪红会定期向神汇报她的工作情
况，以及工作中遇到的难题。有员工觉得这位董事长在经营决策上非
常神秘，有时明明看似有利可图的案子，她会毫不犹豫地放弃，因为
王雪红在祷告里觉得不平安。这确实匪夷所思，可是王雪红认为神的
旨意是最正确的。

每个人在生活中都会遭遇一些困难，像王雪红这样的企业家也不
例外。所不同在于，信奉基督的王雪红会从苦难中看到意义，因为一
切都在上帝的掌管当中，上帝不会让自己白受苦；作为虔诚的基督
徒，王雪红还坚信上帝会在苦难中陪伴自己，因而当她面对困难和挫
折时，不会去诅咒，相反用感恩去面对。在她内心里，苦难不是苦
难，而是上帝化了妆的祝福，苦难中充满了感恩和平安。

正因为有这个信仰，才让王雪红在遭遇任何困难的时候都能保持一份镇静，一份从容，一份达观。即便是在她人生最失意的那段时期。当时威盛股价大跌，王永庆甚至还痛骂王雪红不照顾小股东权益，威盛的小股东还在股东会上质问她："你父亲王永庆公司经营得那么好，为什么你弄成这样？"这种将父亲与她相提并论的指责，深深伤害了向来坚持以自己的双手打出一片天的王雪红的自尊心，她也能很快地调整情绪。

生活中，很多人都以为自己是不幸的，其实，每个人都背负着生活的十字架，包括那些你看起来有权有势、风光八面的人。当你遭遇困难、抱怨，偷懒、选择舒适的方式也许能获得一时安逸，但遇到考验的时候，你会发现，那个沉重的十字架正是通往欢乐的桥梁。电影《21克》中的一句台词则阐述了对待苦难的另一种积极态度：上帝不会给你解除痛苦，但他会给你担当痛苦的力量。

2003年12月5日，作为威盛电子董事长的王雪红及作为总经理的陈文琦，涉嫌指派工程师窃取竞争厂商的商业机密，被台北地检署依违反著作权等罪嫌起诉，各被求判处有期徒刑4年。涉嫌担任商业间谍的张至皓则被要求判刑3年。缘由如下：

友讯公司做了一项由经济部项目补助的、经费几近1亿元台币的研究计划，计划完成不久后，这个研究计划的主要负责人，即友讯公司前经理卓裕文上网连接到威盛网页时，发现上面有外泄的机密研究资料，并确认资料里不仅有友讯公司英文名称"D-Link Corp"，还有自己的英文名"Charles Cho"及档案创作日期，遂将事件主动告知友讯公司，从而引发了这起商业间谍案。

由于在计划结束后，只有张至皓及王建发在威盛任职，但王建发之前非威盛员工，也未支领威盛薪水，涉案程度不高，将他处分不起诉，那可疑人就只剩下张至皓了。

友讯当然不只是靠推测才指控的，而是有着看似合理的证据。比如，要想将档案上传至威盛数据库，必须通过威盛员工账号才能操作，而同时检方发现张至皓在当年度离开威盛后，不但支领了友讯的121万元薪水，还同时支领威盛的107万元薪水，威盛职工福利委员会他也一直参加，并领取着威盛的福利金。更让检方疑惑的是，张离职后仍使用旧的员工编号。

鉴于以上种种异常，检方指控，张至皓自1995年起进入威盛公司担任市场部经理，王雪红在2000年2月谋议由张进入友讯公司窃取这项价值不菲的商业机密，然后授命张至皓办理假离职，潜入友讯，一直到张至皓在当年3月份担任该项目计划研发工程师后，伺机下手盗取资料。结果，张在计划结束后迅速返威盛担任网络设计部经理。于是，检方以违反著作权法、刑法妨害秘密罪及背信罪等3项罪名，将王雪红等3人提起公诉。

当王雪红在飞机上看到新闻时，连上卫生间都不知道要如何走出去。她心里非常委屈难过，于是将这件事告诉母亲，信奉基督教的母亲只对她说：有神与我们同在，没惊惶，要自在（台语）。王雪红方才放下心来，不过，她并没有立刻向父亲报告经过，因为她知道父亲王永庆是个实事求是的人，所以一直到危机过去之后，她才向父亲一一禀明。

在这件事发生之前，王雪红本来答应信望爱基金会的同工要去高雄看他们，并在百立读书会中做见证。可是由于心情实在很不好，就想打电话取消，结果，基金会执行长张姊妹的一句话提醒了她，张姊妹对她说，你不要掉到魔鬼的陷阱了。王雪红听到她的话后醒悟到，自己太重视面子问题，似乎自己的形象比上帝还重要，于是最终决定还是要去。

她坐飞机去高雄的时候，觉得好像整个飞机上的人都在看自己，当来到信望爱基金会，对许多位同工讲话时，说着说着就觉得自己很委屈，眼泪就快要掉下来。于是每个同工都来安慰她，其中有一位罹患骨癌的同工告诉王雪红自己的亲身经历："医生说做完化疗后，我的生命只有三四个月，但我不愿意留在医院里等死，决心用余生继续服务老人。"王雪红看到他穿着支架，腰间插着针管，不断吃止痛药，每天早晚还是出去服务老人，痛的时候就打止痛药。她非常震撼，受到很大的感动，觉得自己同那位同工相比，实在太渺小了，于是立刻认罪悔改，从负面的情绪中走出来。

王雪红在接受采访时说："神说'住在至高者隐秘处的，必住在全能者的荫下。'其实我的信心没有那么大，但因神给我那句话，让我感觉到我只要能在至高者的荫庇之下，就会很稳妥，我觉得，一个人最难征服的就是自己。当飞机快到了台湾，我必须经过海关走出去，很多人会看到我，我就对神说，我要学着单单注视你（耶稣），求你帮助我，后来我眼睛直视前面，靠着耶稣勇敢地走出去。"

当王雪红归来后去公司时，发现所有主管竟然都到公司工作，并且每个人都对她微笑，同时表达他们的支持，员工这种支持公司的做法给了王雪红很大的安慰。之后，王雪红和丈夫陈文琦去找教会（士林灵粮堂）的刘群茂牧师和师母，把所有的不满、委屈和愤怒，全部都倒在他们身上。王雪红非常感激刘牧师和师母乐于充当自己的心灵垃圾桶，同时感谢主。当她从教会走出来后，觉得心里的伤害已经痊愈了。

"不经一事，不长一智。"事后，王雪红觉得以前的管理上有一些弊端，于是将一些比较严格的管理制度引进公司，由于同仁都知道王雪红是被冤枉的，所以公司的员工更有凝聚力了，这套管理制度的推行，也变得更加容易。同时，她还发现以前和股东、员工的沟通很不够。于是在以后，每个月都要发给员工信件，让所有员工、即使是刚来的人，也可以知道公司的策略是什么。她说："过去公司内部的人很自信，都是优秀人才，当公司要走得长远，策略就要改变，整个公司的体质也要改变；即便遇到低谷，若是整个公司的体质能翻转过来，就会再起来。"

"每次遇到困难的时候，神都会告诉，要感谢所有的经历。于是在祷告的时候就开始感谢，我相信神给我的所有经历都是好的，经历了困难，我们会变得更好。"这是王雪红在遭遇到打击，面临困难时一直记得的一句话，依赖着它，支撑着她度过了艰难的岁月。

也许你并不信仰基督教，但你的心灵也一样能从中得到感悟和启迪。如果，我们也能把各自经历过的苦难和不幸，看成因此而得到的更大的祝福；那么，我们就可以坦然地接受并且相信，我们每一个人，在我们各自不同的人生旅途中，都将在坚定的忍耐和历练中，得到真正的平安和喜乐。

王雪红的公司员工有三成信基督教，甚至公司的企业文化，都是与神息息相关的。在威盛电子的年报中，王雪红发布的"致股东的企业文化"中能看到这样的内容："在这不容易的一年中，VIA尚有达台币4亿多的盈余，且非常感谢神的是，VIA和英特尔在全球11起的诉讼案中，已于今年4月初全数和解……除了要感谢信实的神对诸事的保佑外，这同时也是公司全体同仁……"而威盛公司的总经理陈文琦也被妻子王雪红带领进入基督教的信仰中，他常常在公开场合中，感谢神对威盛电子的带领。而同别的公司不一样，威盛电子业并不会避免凸显宗教色彩，并且在员工聚餐，或者有许多海外人士相关的股东大会上，威盛都会有一段活动是请牧师带领大家向神祝祷，来宾无论信不信基督，通常也会站起来，跟着闭眼祷告。而威盛内部，宗教活动更加活跃。威盛每天早上8：00～9：00都会有晨祷会，每周三的中午12：15～13：30，在公司的午休时间，则会有祷告会，每周四中午，则是举行福音聚会，有时进行查经，有时分享见证上帝的经验，有时则是请外面的人来演讲生活化的议题。此外，公司还有正式的团契组织，这些活动员工都是自由参加，其中不时也可以看到王雪红与陈文琦的身影。

威盛的包容性非常强，虽然威盛的很多员工都信奉基督，但并不代表不信奉基督就没有发展机会。比如宏达电子总经理卓火土，前威盛行销副总，现威盛转投资的威翼与立卫董事长李聪结等主管都不是基督徒。然而，陈文琦的多位助理中，包括许伟德、孙一正以及制造及产品工程处副总吕文忠等，却是非常虔诚的基督徒。威盛对基督徒反而会有更高的标准，因为对于基督徒而言，他们认为自己在帮上帝工作，因此，公司的这种文化是积极正面的，他们认同这家公司，无论是喜悦或挫折，最后都可经由祷告交脱出去。也就多不要过多地考虑结果，只有做好自己的一切，由上帝来决定。如果说幼年的经历和国学的深厚影响成就了王永庆的风格，那么王雪红的行为则因为经历过西方文化浸淫而蒙上了一层淡淡的宗教色彩，而这也正是她能够在渗透着西方精神的IT领域纵横捭阖的原因。

一颗慈悲心

在人们看来，王雪红能够在IT领域构建一个如此庞大的帝国，得益于其对父亲王永庆"止于至善"理念与精神的继承；而如今，在公益领域，王雪红也正秉承同样的理念，不断完善、精益求精，呈现给我们一个犹如产业链般彼此呼应、环环相扣的公益事业模式。

2009年，大陆的中国慈善排行榜办公室公布"影响中华公益的60位慈善家"，王雪红是唯一在名单内的台湾人。

在"2012第二届中国心灵富豪榜"中，王雪红获得致敬榜题名。

1999年，威盛成立盛信望爱基金。基金会秉承"诚信、希望、仁爱"的理念，全心致力于支持公益活动，承担社会责任，促进社会安和乐利，发扬信望爱精神。基金会在2009年成立了卓越领导力学院和触动真爱中心，致力从职场乃至家庭等领域做出贡献，帮助人们不断地自我增值造福自己也回馈社会。

有句古语为"穷则独善其身，达则兼济天下"，"经营之神"王永庆在有生之年一直切身实践着这句话，而在她的女儿王雪红身上，这句话也一直得以淋漓尽致的体现。

2008年5月，中华民族遭受汶川之殇，这场震颤神州的地震也让92岁高龄的王永庆垂泪，他率先捐出一亿人民币赈灾款项。作为这位毕生公益事迹无数的老人生前最后一笔捐款，大善之行，举国民众为之动容。王雪红承袭其父风范，也捐资人民币3000万元，并设立"威盛信望爱公益基金会"，一方面筹措善款，一方面安排义工救援小分队奔赴灾区。不论从王雪红的经营风格还是对国家对社会的奉献，人们都能从她身上看到王永庆的影子，她当之无愧得到"最像王永庆的女儿"的称号。

2010年4月14日，青海省玉树藏族自治州发生7.1级强烈地震，导致600多人遇难，10万人无家可归，当地人民生命和财产遭受巨大的损失。玉树灾情牵动着全国同胞的心，同时也牵动着王雪红的心，王雪红再次为新受灾情之困的同胞做出一大善举——通过中国红十字会向青海玉树地震灾区捐价值1000万元的善款和救援物资。

王雪红支援玉树灾区的捐款是中国红十字会迄今收到的最大的个人捐款，也是来自台湾地区最快的援助之一。

王雪红在赈灾中的表现，赢得国人赞赏不已。但是她只是说："我的心愿，就是要做威盛'中国芯'。这颗'中国芯'，既包括推动中国高科技的芯片之芯，同样包括了为广大同胞共享福祉而努力的心意之心。这样的危难时刻，就是需要尽心力的时刻。"

王雪红不只在危难时刻才想到尽心力，除了面对灾难时的公益责任，威盛电子也在用自己的方式扶贫济困，持之以恒。

从2006年开始，威盛电子启动了一个囊括下一个10亿人口的主题行动——"PC—1计划"。

当今，在很多地区，尤其是贫困地区，拥有个人电脑还是一种奢望。据统计，全球的PC实用率只有15%。电能的缺乏成为电脑使用的主要瓶颈。威盛电子推出"PC—1计划"：利用自身产品低功耗高性能的优势与下游厂商合作研制出设计精良的PC，在任何恶劣环境中都可继续使用；相比采用其他CPU的PC同等配置功耗降低70%。威盛电子坚持达到"PC—1计划"，旨在连接下一个10亿人口，让更多的人可以用上电脑，推动整个社会信息化的发展。作为"PC—1"的组成部分，威盛于2007年积极响应国家农村信息化示范项目，由威盛赞助的信息化大篷车如今还在西部偏远地区行驶，向当地人民传递着信息化的力量。

从2006年起，威盛以连续四届鼎力赞助、承办威盛"中国芯"中国儿童青少年计算机表演赛，并在全国各省、尤其是边远贫困区陆续设立了15个"威盛中国芯成长数字营"。在威盛看来，"计算机教育要从孩子抓起，这不光是国家的责任，也是一个企业公民应尽的责任。"在人民大会堂举办的"中国青年创业就业基金会"的成立仪式上，威盛集团董事长王雪红说："'授人以鱼不如授人以渔'，对于现在青年，我们要教会的是创新技能，传承的是创业精神。"

在2010年2月2日时，她又发起"共筑中国芯"大型公益项目，解决全国贫困地区人民健康问题，开展义诊、赠药、业务培训、对口医疗支援活动。2009年9月，王雪红被评为"影响中华公益的60位慈善家"。这项荣誉是对王雪红多年来热心公益事业的一种肯定，也是对威盛集团作为知名企业积极履行社会责任的肯定。

事实上，很多港澳台的知名企业家都为大陆的慈善事业做出了重大的贡献。2008年四川汶川地震发生后，李嘉诚先生先后捐出1.6亿元人民币，协助灾区民众及灾区重建，又提出与中国残联合作，免费为灾区伤残者提供服务，被民政部评为2008年捐款最多的个人。

李嘉诚自白手起家而至富可敌国，成为中国人商海扬帆的成功典范，许多人心目中的偶像。"长江"王朝的影响遍及世界21个国家和地区。发展的轨迹虽然再也无法复制，但成功的精神已经成为志向高远的青年人的楷模。为实现"回馈社会才是真富贵"的个人箴言，他亲手创立的"李嘉诚基金会"，在过去近30年，在一个慈善捐献尚未成风的地区开创先河，推动贡献和回报社会的文化。在他的不断努力下，通过独特的捐献模式和个人对具重要意义社会责任的承诺，他不断赋予"捐献"以新的意义。

香港首富、长实主席李嘉诚已捐出近三分之一身家作慈善用途。他说："君子爱财，要取之有道、用之有道。"其名下的慈善基金在过去三年已捐出逾五十二亿元，未来十年更会加码，预计多于过去三十年的总和。

李嘉诚形容，慈善基金是他最富有的"第三个儿子"，因为没有负债，可以随时拿钱。就现在滚存的基金数额，差不多等于他三分之一财产，即由他上世纪80年代初开始累积的财产，都是真金白银拿出来的。

根据李嘉诚基金会网页显示，历年来，李嘉诚已捐出及承诺之款项逾113亿港元，其中八成以上的捐献项目并无命名，其中四成七用于教育；四成二用于医疗；百分之七用于文化、百分之四用于其它公益。至于地区捐款分布，六成五在内地；两成三在香港；一成二在海外。

每个人都有一个慈善的梦想和蓝图。

2009年，威盛集团捐助中国青年创业就业基金会创立，王雪红也当选该基金会的首届理事。这一看似平常的公益投入，却在不经意间揭示出王雪红恢弘布局的公益版图。

作为一个集管理、资金募集、宏观控制等职能为一身的创业就业扶持机构，基金会将主要职能定义为：通过机构平台，向社会广泛募集资金，通过资金扶持、培训服务、信息服务、政策协调和社会倡导，帮助青年创业就业，促进青年发展。

毫无疑问，在当今的国情下，基金会的创立有着极其突出的现实意义。随着就业压力的加大，如何推动青年顺利就业，已成为全社会普遍关注并将长期关注的课题。同时，不少学生开始选择自主创业。有调查报告显示，在96.4%有创业冲动的学生中，有近7%的学生已经着手开始创业。然而，缺少资金、市场推广困难、缺乏企业管理经验成为制约学生创业的三大障碍。在这种情况下，中国青年创业就业基金会的成立，无疑将会对青年学生的成功创业起到积极的促进作用。

在基金会的成立仪式上，王雪红对青年们殷切寄语："创业之路，就像负重登山，必须心怀攀登顶峰的理想，同时坚心定志，从每一个细节做起，从做好每一件小事起步，不断克服困难，不断自我激励，才能在最后欣赏到群山之巅无限美好的风光。"

如果从此次对中国青年创业就业领域的关注与投入，纵观威盛数年来在公益领域的各项举措——连续四年赞助支持全国儿童青少年计算机表演赛、在全国成立数十个旨在推动当地信息普及教育的"威盛中国芯"成长数字营、与清华大学和伯克利加州大学合作创办"全球科技创新项目和创业实验室"、捐助建立北大ESEC电脑实验室等，不难看出王雪红在公益事业上的产业化布局：围绕人才的长期培养，从小时候的启蒙教育到基础、高等教育，以及就业指导、创业支持，形成了一条"启迪人才、培养人才、帮扶人才",将人才培养和公益赞助相结合的"产业链"模式。对于中国青年创业就业基金会的赞助,无疑将王雪红一直以来所秉承的"止于至善"理念在公益领域又向前推进了一大步。

勤俭，是父亲留给我的最大遗产

王雪红虽然出身优越，父亲王永庆是台湾的首富，但她的生活未必像人们所想象的那样奢侈和安逸，也没有很多"富二代"的懒惰和自私，相反，她却秉承了父亲身上勤俭的美德。

在她的父亲王永庆辞世后，有记者采访她问道："父亲逝世后，您觉得父亲留给您的最大遗产是什么？"

王雪红答："是父亲的那种精神：追根究底、不怕困难、止于至善。对于所追求的东西坚持不放弃；勤奋、简朴；对于所做的事情追根究底，追求坚持不断的合理化；对于社会的责任心。"

王永庆的勤劳和节俭在台湾商界是家喻户晓。他每周工作7天，每天工作10多个小时，勤劳的美德一直持续到生命的尽头。每天凌晨两点的时候，王永庆就会起床，首先打坐一个小时，然后思考清楚当天的事情，接着是晨间的长跑、毛巾操。这样的习惯数十年如一日从未中断。而让人称道的是，那条用来做毛巾操的毛巾王永庆一直用了20多年。

他说："勤劳不是让你累得满头大汗，而是要善于动脑，用智慧创富。使用员工的大脑，比使用员工的双手，更有意义。朴实，并不是有好吃的舍不得吃，穿得破破烂烂。朴实是做人做事的态度，是实事求是。"

　　因为经历过困苦不堪的生活，即使在拥有足够多的财富后，王永庆依然保持着简朴的习惯。他对穿着的要求是大方简洁，从不计较衣服的新旧及款式。他喝咖啡的时候有一个习惯，把奶精倒入咖啡后，一定会把些许咖啡倒进装奶精的小盒子，将残留奶精涮出来再倒入咖啡里。他回家洗澡，从来不用服务人员帮他放水。他说："只有你自己才知道你究竟需要什么样温度的水。只有你自己放水，才能洗得好洗得舒服。"他会把家里剩下的一些用后变得很小的肥皂捏在一起继续用。在王雪红眼里，父亲就是一个普通的人，根本就和富豪搭不上边。

　　王永庆总是告诫自己的子女"成由勤俭败由奢"，王永庆一直认为：很多大企业衰退的重要原因，往往是因为当企业发展到了一定规模时，其领导人开始不思进取，追求享受。于是，在经营台塑的时候，他提出了"止于至善"，其意为：修身育人，都必须达到完美的境界而毫不动摇。止于至善，其实是一种以卓越为核心要义的至高境界的追求。由于"善"是毫无止境的，以"至善"为目标，企业便拥有永续发展的动力。企业领导人若遵循这样的目标，就能够时时警示自己，不贪图安逸，把企业经营好。

　　王永庆对自己的子女在金钱方面可以算得上是苛刻的。王雪红在外留学期间，王永庆给学费、生活费非常有计划和技巧，总是给得"刚刚好"。所以王雪红在美国的日子并不富裕，每个月父亲给的钱都要精打细算才能用到月底。节俭的王永庆想念儿女时，从来不打电话，他认为打电话太贵了，于是只是给每个孩子都各自写信。王雪红回信时，都要报告每天干了什么，每一块钱都是怎么花的，甚至买条牙膏都要报告上去。

王永庆的节俭不是吝啬，对于有意义的钱，他是非常慷慨的。汶川地震时，他捐赠了一亿人民币。这个捐赠额，甚至超出了大陆的国企。但是这对于他来说，只是一笔很小的捐赠。他在大陆建一万所希望小学，一所希望小学的投入大概在50万人民币左右，现在建成的有两三千所。

王雪红从小就深受父亲的影响，她说："父亲的勤俭已深入我的骨髓。"每天凌晨4点多钟，王雪红就会早起，开始四五千米的长跑。在公司的运动会上，王雪红连续很多年都是女子组5000米的冠军。即使身价达700亿元，是台湾最有钱的女人，王雪红仍然承袭父亲的精神，不改简朴作风。她到现在还开着一台车龄近10年的丰田汽车CAMRY；每天只是简单的餐饮；她用的笔记本像小学生用的，一本不到5元；每次外出都是一套简单的正装，一个普通的黑色包包，没有钻表，也没有珠宝项链，更没有司机、保镖随行。有一次，她看到一位部属的太太带了一个内外都有许多口袋的新包包，很喜欢它的实用性，于是频频问哪里可以买。部属的太太觉得不可思议，很诧异地说："这是威盛的赠品啊。"

对于自己的勤俭，王雪红认为一面是父亲的影响，另一方面也是神的告诫。王雪红是一个虔诚的基督教徒，她说："神告诉我们要勤劳，如果不勤劳，食物都会被别人抢走了；此外，我想要的东西，神都已经给我了，所以对于物质，我自己也就没有更多的欲望。"

如果说王永庆的风格更多是由于幼年的经历和国学的深厚影响所致，而经历过西方文化浸淫的王雪红则为自己的行为蒙上了一层淡淡的宗教色彩，而这也使她能够在渗透着西方精神的IT领域纵横捭阖，而略无凝滞。

"昔人已乘黄鹤去，此地空余黄鹤楼。"面对父亲的辞世，一向坚强的王雪红也不禁难忍悲痛。但是精神上的传承，则让这对商界最传奇的父女组合，即便天人永隔，仍然心意相通。在王永庆的灵堂前，这位被外界称为"最叛逆的女儿"红着眼眶表示："我觉得我爸爸是到天国去了，我有一天一定会到那边去跟他见面，我期待在那边能够跟他互相拥抱。我相信他留给我们的很多风范，像勤劳朴实、脚踏实地做人、追根究底、止于至善，这些真的是可以给子子孙孙好好揣摩、好好实现，我相信这些都是我们最大、最大的资产。"

坚韧，是白手起家的动力

巴斯德曾经说过："如果在胜利前却步，往往只会拥抱失败；如果在困难时坚持，常常会获得新的成功。"成功的道路就像一场马拉松比赛，不到最后是看不出结果的，而最终的结果无疑取决于参赛者的耐力以及战术的专注力。

《商业周刊》评论，王雪红从1997年创立宏达以来，坚信无线产品的产业趋势，支持宏达从无到有、由危机到转机，同时以不屈不挠、决不放弃的意志，协助宏达建立了极具国际声誉的团队。一旦她判断这是值得投入的领域后，就会不懈地坚持下去，即使遇到最困难的事情也不会回头。她也自称"不知为何多年来总把自己逼到背水一战的地步"。母亲杨娇形容王雪红是："想做什么就一定要做，拉也拉不住。"王雪红这个"最像王永庆的孩子"，在性格某些方面的确是与父亲一脉相承。

"经营之神"王永庆从白手起家，到开创台塑基业，他传奇的一生早已成为人们励志的范本，而他女儿王雪红也在他的言传身教下，走上创业之路，并取得了辉煌的成绩。纵观王家两代人的创业之路，不难体会：取得这样成就的一个重要原因，就是拥有坚韧的性格。

1932年，16岁的王永庆在台湾嘉义开了一家米店，从此踏上了艰难的创业之旅。当时，小小的嘉义米店有30家左右，竞争异常激烈。王永庆的全部资金只有父亲为他东挪西借来的200元钱，他拿着稀少的资金贸然投身此行，前景很不乐观。由于缺乏资金，他只能在一条偏僻的巷子里承租一个小小的铺面。米店规模很小，又处在偏僻的地段，并且没有宣传，开业几天后都没有顾客上门。但是王永庆并未就此放弃，他通过观察总结出自己的一套经营方法，通过把大米中的糠皮石子杂物拣得一干二净来满足顾客的要求，并且同时提供送货上门的服务。王永庆正是凭借这种从点滴做起、绝不松懈的坚韧，使他的米店在嘉义迅速站稳了脚跟，接着又开设自己的碾米厂。

在而后的发展中，王永庆更是充分显示出超乎常人的坚韧。王永庆的碾米厂在日本占领期间，因为政策原因，不得不关门。1942年，他用之前赚到的钱在嘉义乡下开设了一个砖厂，很快也因困境而关门。但是再度受挫的王永庆并未放弃。1943年，在朋友的资助下，他开始了木材生意，整日都在山上做事，环境异常艰苦，但是他由于缺乏相关经验，不久后便血本无归，他遭受了创业以来最黯淡的时期。直到后来有朋友钦佩他的坚韧，而出手帮忙，才使他在木材行业站稳脚跟。

王雪红完美地传承了父亲王永庆坚韧的品格，并凭借此，白手起家打造了威盛集团，在IT领域复制了父亲的辉煌。事业的成功伴随着挫折和难关。王雪红说："每件事我都有波折，从来没有平顺过。"

王雪红的耐力和魄力是常人所不及的。1997年成立的宏达电子，在1998年就亏掉了1/3的资本额，当发不出员工薪水的时候，王雪红仍然没有急躁，而是自己掏上百万美元的腰包贴上。在宏达电子亏损10亿元的黑暗期，王雪红顶住压力，依然坚持投入资金改善产品的设计和功能。一直到2002年，宏达电子的业绩在研发出全球第一台PDA手机后才开始稳定起飞。最终促成了宏达电子和微软的合作以及日后与T-Mobile的合作。

1999年，威盛一上市就陷入了与英特尔的专利官司中，从此，威盛很长一段时间都处在与英特尔的官司和竞争中。股价也从600多元下跌到40多元。王雪红坦言，面对英特尔这个强大的竞争对手，感到压力巨大。但是她并没有整天担心，在经过长期的坚持后，最终英特尔与威盛达成和解，签署了为期10年的交互授权协议。

对于诉讼，王雪红很平和理智："谁都不喜欢诉讼，诉讼实在令人头痛。但要想想，经营企业到底要长久的，还是暂时的。英特尔要威盛所有的专利授权，却只给我们非常少的授权，如果我们签了约，公司就等于卖给它了，永远只能受制于它。"

2002年，由威盛转投资的手机芯片厂商威盛电通公司在杭州成立。接着就出现了连续7年亏损，王雪红依然没有缩手，她认为，同以前威盛以及HTC遇到的挑战相比，这根本不算什么。

威盛电通是目前除高通外，唯一提供3G规格CDMA基带芯片的厂商，是王雪红在中国大胆的布局。威盛的执行长是赴美留学回国的海归派科技人张可，就像当年扶植HTC投资卓火土一样，王雪红看上了张可的"中国人的内地背景""美国学历的技术力"和"能将产品量产的执行力"，而不遗余力地投资张可。威盛成立了威睿，原本预计威睿可以很快收成，但是没想到又陷入了营运困境。张可坦白承认：
"可是我们没想到，3G市场起来得比较慢……"3G市场因为手机单价
高，导致市场迟迟起不来。

其实这是连英特尔都闯不过的难关。掌握3G核心CDMA技术的
高通，原本在90年代初期，曾将芯片组技术授权给四家厂商，
包含被英特尔收购的DspCommunications、Freescale收购的
PrairieComm和被飞利浦收购的VlsiTechnology，另外就是被
威盛收购的巨积。然而，大厂都是忍受自己的产品落后的，于是
高通每次专利授权给这些厂商时，自家芯片组却已经领先别人两
代，这就是多年内都没人成功开发出CDMA芯片组跟高通抗衡的原
因，最后导致，大家都不推出CDMA芯片，致使CDMA市场变大的期
限遥遥无期。

可是这看似巨大的难关，却被威盛闯过了。威盛在最开始也是像
其他人一样，想推出可跟高通抗衡的产品。但后来发现，公司也有自
己的优势，既然小公司的资源没有高通多，那就弯腰，推出功能超简
单但低价的产品。值得一提的是，威盛这样的特质被LG与诺基亚赏
识，他们一面采用其芯片退往新兴市场，一面也拿来制衡高通，打破
后者的垄断局面。经过几年的研发，现今威盛在大陆CDMA的芯片市场
占有率已经超过25%，仅次于高通。

张可认为，威盛开始的路很艰难，因为面对的市场还未成熟，还
有一线品牌的客户，这些客户动辄就要花两年认证出货，投资成本
大。张可说："但是幸好我们又坚持下去。经过大厂磨炼后，现在来
做中国市场，就变得比较简单。"

由于有王雪红的撑腰，即使威盛陷入亏损，也一直在扩张，员工人数从百人扩增到600人，张可带领以海归派为主的经营团队，在中国通讯市场有经验人脉，无疑又给威盛加了分。张可最终没有辜负王雪红的信任，2009年，威盛集团正式和中国电信签署战略合作协议，双方将在CDMA的技术合作、产品研发等多个领域开展合作，威盛更是一口气推出了30多款CDMA终端。包括两款3G上网卡、23款手机和5款上网本。这30款终端中，也有不少陌生的牌子出现，比如华录、西可等。特别是手机产品中，不乏外观酷似苹果iPhone的"野苹果"手机。王雪红非常看重这次合作，她表示，威盛从3年前开始研发3G，除CDMA手机芯片外，在3G上网本方面也会与电信展开深度合作。

7年下来，王雪红为威盛砸下50亿元（10亿元购并，40亿元亏损），一直到2009年终于拨开云雾见日出，开始转亏为盈，2010年在中国公开发行上市。

王雪红面对危局从没有表现出沮丧，她的表现给公司带来了稳定的力量。据熟悉王雪红的人士表示，面对诉讼和困难时，王雪红并没有任何慌张，相反十分开朗乐观，她相信自己一定能坚持下去，并做得更好。的确，所有的磨难，王雪红硬是凭着惊人的韧性，都咬牙坚持了过来，并最终得到了回报。

威盛渐渐走出低谷，不仅凭借领先的绿色计算技术获得广泛认可，更在超移动计算领域开创全新的局面。名列英特尔、AMD之后排名行业第三，并且将这个位置稳定多年。

在宏达电子的业务上，王雪红也没有失望过，自从两年前以自有品牌命名的智能手机Touch Diamond上市以来，后续的成绩一直很不错。Touch Diamond上市仅3个月，全球销量就超过百万部，在2008年全球手机销售排行榜上，牢牢坚守全球销量10强的位置，并凭借革命性设计以及精湛品质，获得十多项奖项，它的优异成绩，直逼苹果公司的iPhone，也创下了HTC单一款机器的销售纪录。

2009年6月5日，台"经济部"次长黄重球接受媒体采访时称，他看好未来一到两年中国3G手机市场将达1.5亿部，并且还表示，大陆3G终端约6000亿元人民币规模，台商估计可抢得其中600亿元（约3000亿元新台币）商机。在中国3G手机时代来临的时刻，王雪红就是凭借威盛电通抢到了这3000亿元新台币的商机。

企业经营，是一件极为纷繁复杂的工作。如果把企业经营作为一项事业，使企业经营能够持续下去，坚韧是领导人必备的品质。AMD前销售与营销主管Stephen Zelencik曾经在台北与王雪红进行过长达一周多的漫长谈判。他对王雪红的评价是：一个"毫不留情"的人，一个无论做什么事，总是会多尝试一次的人。正是凭着这种坚韧的性格，使得王雪红无论在挑战英特尔还是在和微软、谷歌合作，或是对威盛的投资，都获得了巨大的成功。

即使你向空谷喊话，也要等一会儿，才会听到绵长的回音。所以，不要急着要生活给予你所有的答案，有时候你要拿出耐心再坚持一会儿。

有一个旅人走到一条河边，看到一位老人正在为过河而发愁。虽然长时间在路途上奔波的他已经很累，但还是帮助这位老人过了河。

过了河之后，老人连句谢谢也没说，急匆匆地走了。旅人很懊悔，觉得自己真是徒劳无功。谁知一个小时后，一个年轻人追上他，说他的祖母嘱咐他送些东西过来，感谢他帮祖母过了河。说完，年轻人拿出了干粮，并把胯下的马也送给了他。

在事业的拼搏过程中，尽管你已经付出了很多努力，但回报不一定在付出后立即出现。只要你不放弃，成功总在你不经意的时候，盛装莅临。

第十章　王雪红另类风云录

　　王雪红自美国学成后的第一份工作是在姐姐的公司做销售，1988年她买下濒临倒闭的威盛公司开始自己创业，其后展现的坚韧、才识、远见，令台湾商界感叹"生女当如王雪红"。

收购TVB

"我很高兴有幸参与TVB的发展成长，也希望未来可以为TVB带入持续的创新与长远进步。"2011年3月31日，台湾首富王雪红发出书面声明，传闻已久的王雪红入股TVB一锤定音。

有经济学家分析，王雪红此举意味着她的事业版图扩展到媒体领域。这一次投资，再一次显示了王雪红自身的能力与远见，堪比王永庆。

TVB，香港电视广播有限公司，又称香港无线电视，是香港第一家商业电视台，1967年开播后，一直是香港的造星工厂，周润发、梁朝伟、周星驰、梅艳芳、吴君如等明星皆出此门；制作的电视剧《上海滩》、《射雕英雄传》、《义不容情》等创造了多个收视奇迹；举办的"港姐竞选"、"新秀歌唱比赛"、"募款晚会"等活动，成为香港大众文化的重要组成部分。

此次王雪红入股TVB，可谓一举三得。

香港经济自由度指数全球排名第一，王雪红收购TVB，可以看做是踏足香港经济圈的一个重要举措。从香港的传媒市场入手，进而打入经济市场，这是第一得。

除了香港的影响力，TVB的"翡翠台"和"明珠台"节目已在广东省的多个有线系统播出，在珠三角地区拥有不俗的收视率。此外，TVB

持有台湾TVBS电视台百分之百股权，王雪红也因此成为TVBS的股东，一举踏入香港、两岸的传媒市场，此为第二得。

我们知道，王雪红是手机行业的女巨人。此次收购TVB，王雪红目前的着眼点应该不在引导新闻方向，而是志在把自产的移动通讯与传媒业紧密结合，占领智能手机市场。2011年3月31日TVB发出的通告也表明，新入股的王雪红等3位股东出任非执行董事，将不参与日常运作，TVB的创办人之一邵逸夫夫妇仍留任主席及董事总经理。

目前的王雪红身兼威盛集团董事长、宏达电国际董事长、建达国际董事长等职务。宏达电是生产智能手机的大厂，HTC品牌如今也是市场好评不断，深受受众青睐。但目前在市场拔得头筹的仍是美国苹果手机，因为苹果的应用软件和信息内容多元丰富。

手机结合传媒信息是全球业者的发展方向，王雪红入股TVB，是对移动通讯结合传媒业的一步重要布局，未来是否再次书写紧追世界第一的传奇，有待下回分晓。

王雪红自美国学成后的第一份工作是在姐姐的公司做销售，1988年她买下濒临倒闭的威盛公司开始自己创业，其后展现的坚韧、才识、远见，令台湾商界感叹"生女当如王雪红"。

我从来不看市值

王雪红曾发表过这样的言论：我从来不看市值。在HTC的市值超过了诺基亚后，外界评价纷纭，而王雪红的论断则令人哗然。

王雪红表示，HTC的重点，并不在于市值的多少，而是在于怎么保持新发展的企业在发展的领域，智能手机和平板电脑怎么在移动互联网整个架构上保持领先。在王雪红看来，创新、执行力、人才是最重要的。怎么体贴消费者，怎么满足消费者，怎么了解消费者，才是HTC最应该努力的方向。

目前HTC智能机，一直都在做微软的系统，而且HRC是使用微软系统的第一名。王雪红说，HTC不会只放在Android，目前的做法是OS只是一个基本的架构，如何从OS上表现出HTC的特点和差异化，需要比较深入的软件技能，这才是需要看重的地方。

王雪红对于"追根究底"的理解和传承，体现在她对公司的具体运营中。针对外界爆出的HTC将要收购一家类似于Android这样的公司或者平台公司，王雪红也做出了回答。收购这件事情会经常在公司的内部会议上拿来讨论，但目前还没有这样的冲动。王雪红表示，做技术要追根究底看到源头，一定要做到底。

"我们发现OS是很重要的，没错。但是，基本要的东西，我们手机公司都应该懂，不应该是不懂的。我觉得智能手机不是那么容易做得好的原因，是我们要完全了解OS。可以说HTC的今天，我们要用哪家的OS，就用哪家的OS。但不管用哪家OS，都要做出自己不同的地方。可能在平台的第二层、第三层，我们建造的东西就不同了。"

在通信行业，专利一直是个令人头疼的问题，通讯行业的专利纠纷对整个行业发展的影响也越来越大。在苹果和HTC专利诉讼中，包括Google的本意是在专利，王雪红也提出了自己的看法。

国际间的科技公司，尤其是中国的公司，应该更注重知识产权。尊重知识产权是一个创新科技公司的基本要素。所以，HTC非常尊重自主知识产权，也拥有很多专利。通信公司之间难免会有这样的专利纠纷，因为这是行业的基础建设，经常会有专利是谁先发明的纠纷发生。跨国公司尤其是美国公司经常用专利作为压制对方或者挑战对手的手法。HTC其实有很多专利。虽然我们也是跨国公司，但我们根本上还是中国公司。中国人基本上不会用专利来兴起诉讼。但是，捍卫自己的权益，事实上是绰绰有余。

HTC的下一步，会一直收购不同的公司，不管在专利方面，还是在创新方面，尤其是移动互联网，事实上现在才刚开始，有很多新的技术。如何让消费者真正能够很快地体验到尖端的技术，以及享受到最好的技术，相信收购是不能避免的过程。所以HTC不仅在专利方面，在新的技术方面，或在内容方面，都会进行很多不同的收购。

HTC是中国的公司，刚开始做美国和欧洲的市场，王雪红解释原因说："我们觉得那边的市场比较困难，HTC想的是先去把国际的市场做好。"但中国市场对HTC是非常重要的，"我们第一步先从品牌开始做起。第二步，就是让中国的消费者真正认识到HTC技术的创新。到今年年底，HTC就会开设2000多家的店中店，以及70多家的专卖店。第三步是跟运营商的合作，我们跟他们合作得非常密切，现在会更进一步拓展与运营商的定制手机，会做更多的事情。"

互联网是个日新月异的时代，随着科技的进步，手机的更新换代也越来越快，国内手机市场的变数很大，除了传统的手机厂商外，还有很多新兴的移动互联网工可在做各式各样的手机，中国的竞争市场，十分激烈。

而在王雪红看来，这只不过是智能手机和移动互联网刚刚开始发展的表演，这样充满竞争力的市场，是非常值得兴奋的市场。尤其不管是从硬件、软件，不管是在医疗保健上，或者在教育上，或者在普通的消费群上，各式各样的层面都有。她预测会有很多公司加入这个行列，一起参与竞争。

同时，王雪红也表明了自己的心声："我们也非常乐见有更多的消费者的需求被满足。对于HTC来讲，我觉得最重要的是如何让消费者真正认识我们，我们如何体贴消费者，真正了解消费者，如何满足消费者的需求，真正把创新执行好，这是最重要的。所以，对HTC来讲，我觉得我们的目标，从始至终都是一样的。"

最近国内有几家手机厂商打出了云手机的概念，王雪红也曾提到HTC在云端的设想和应用。王雪红说："云是一个非常好的概念，云事实上是很早就提出的。"而HTC下一步也会将更多的应用放在云端。

现在，几乎所有的智能手机都是云概念，只是怎么样把云概念的管理做得更好、更有效率，把内容整理得更好、更符合智能手机或平板电脑的形式采用，或者是让智能电视来采用，比如说电影可以到智能电视，也可以到智能手机，只不过智能手机需要的内容短一点，智能电视要播放两三个小时，基本上就是怎么应用的问题。

下一步，云计算成为HTC锁定的目标，希望更好地经营云平台的各项技术和服务，而让智能手机仅仅变成一个灵活的显示终端。在2012的胶着战中，HTC的困局必将一个接着一个，而王雪红也必将带领着她的团队，绕过上述壁垒，重新走一条全新的道路。

生活态度从one开始

在MWC上，HTC发布了寄予厚望的HTC ONE系列智能手机，引起了智能手机行业的广泛关注。在产品发布之前，很多人都听说HTC将会有一个革命性的产品面世。

HTC把新产品命名为"One"，很容易理解。HTC的CEO周永明时不时地"提醒"观众："你只需要一部手机，而它就是HTC One。"事后，王雪红更深的阐释是"Focus One"，"以前我们的产品不是推得太快，而是太多了，而未来我们希望能够聚焦，做好用户定位"。

和大多数中国企业相同，在行业几无积累的HTC在经历了一波急上之后，去年下半年走入低潮。对硬件缺乏足够的理解，让它陷入了与对手的硬件追逐。于是，HTC推产品的速度越来越"快"，但市场效果却停滞不前。

而这次HTC显然成熟了，虽然也配置了四核，而周永明一句也没提，他说得更多的是HTC对生活方式的理解。"人们总是希望用相片来记录当下，但想象不到一个仅次于电话的功能（指照相功能），却没有厂商真正去把它做好。"

在周永明的演示中，一堆年轻人在互相拍照，然后分享给朋友。即使是诸如摄像状态中还可以拍照这样的技术创新，HTC也把它融入到了一场家庭聚会，一位漂亮的姑娘在跳着西班牙当地的舞蹈……

　　"这一年我最大的感悟就是智能手机一定是要和生活所联系的，现在的结合只是冰山一角，我希望我的企业能帮助人们减少生活中的缺憾。"一年的洗礼改变了王雪红对智能手机的认知，"我们不是在卖手机，而是在卖生活。"

　　如果把2012年的MWC大会比做一场好戏，那一直以来引领全球手机发展潮流的HTC无疑是这个舞台上最耀眼的明星。因为HTC不仅通过HTC Sense4再一次将手机设计与创新提升到了全新高度，更为全球手机用户奉献出一道丰盛的手机大餐全新的HTC One系列手机。

　　HTC见证了智能手机产业的兴起到蓬勃，也曾经凭借丰富的产品结构取得市场的认可甚至优势，而在这个过程中也一直秉持亚洲人特有的低调和内敛，将目光专注于自身实力的提升上，这也一度成为外界对于HTC "quietly briliant" 的解读。但现在市场的形势已经发生改变，领军者HTC也需要考虑如何应对行业的变化。在王雪红心目中已经有了对HTC品牌中的"低调"基因的另一种解读方式。"我们仍然将保持谦虚、踏实的态度，但会让我们的产品'闪亮'起来。"而全新的HTC One系列就是王雪红心中"闪亮"的产品，这也是王雪红计划的"精品路线"的第一批产品。

　　随着用户对智能手机的理解日益深刻，需求更加多元化，如何满足新时代手机用户的需求成为HTC需要思考的问题。

　　如今HTC已经找到了问题的答案，通过最新发布的HTC One系列和HTC Sense4，HTC给出了自己的答案，正如王雪红所说："智能手机一定是和生活结合在一起的，现在这种结合也许仍只是冰山一角。但以后会越来越多，HTC希望通过自己细致入微的观察，帮助人们减少生活中的缺憾，我们在这方面想了很久。"透过王雪红看似平淡的表述，背后其实隐藏着一种生活态度。这种态度就是不轻易妥协生活中的每一个细节。正如HTC执行长周永明所说："人们总是希望能够以相片或歌曲来记录或纪念生活中最精彩与美好的当下，而这样的消费者心声便是HTC One系列的设计原点与创意初衷。"

　　整合全新 HTC Sense4的HTC One系列可以让用户不错过生活中的每一个精彩瞬间，可以将在任何场景中享受生活的乐趣。谈起新产品，王雪红充满信心："HTC是用创新来改变人们的生活。"

　　虽然时间上HTC是"晚来者"，但中国市场，HTC三年时间里销量增长了657%，在智能手机领域的品牌知名度和用户喜爱程度更是不逊于传统的手机巨头。"HTC非常重视在中国大陆的发展，我们也相信这里蕴藏着HTC未来发展的契机。"

　　毫无疑问，HTC仍然是目前最具发展潜力的手机品牌，它年轻，富有活力，充满创造力和想象，且不乏将梦想变为现实的能力。如今这个品牌已经开始另一种思考，一轮全新的变革已经展开。

　　HTC今年将加大与运营商的合作，这对于提升HTC销量是个捷径，中国联通和中国电信目前更倾向于双卡双待机型，而中国移动仍旧希望打造高端旗舰。出于这样的考虑，HTC今年将根据中国三大运营商的不同需求，推出龙系列三款智能手机，中国移动为TD-SCDMA版，中国联通为GSM+WCDMA双卡版、中国电信CDMA+GSM双模双待版本，而据悉这三款新机的售价均将低于两千元。

　　针对HTC将放弃机海战术，主打明星产品的最新战略，王雪红以及中国区总裁任伟光均表示非常看重中国内地市场，而且不仅局限于高

第十章◎王雪红另类风云录

【275】

端旗舰产品，此次龙系列区别于以往HTC全球产品国内上市不同，而是专门针对中国消费市场调查、研发的新款机型，"加大内地市场发展不是口头上随便说说"。

"精品手机不应简单理解为高价格。"在王雪红的眼里，HTC是要用创新领先潮流，精品是高价值的体现。One系列的推出，就是希望用高端新品加深用户印象，成为HTC产品概念的宣传样例。

此前这样的战略除了苹果外，三星同样有过相应举措，并且Galaxy S II的喜人销量也印证了精品线路的转型成功。今年2月三星公司宣布，Galaxy S II全球销量已经突破2000万。

面对苹果的挑战，王雪红首先承认了iPhone的成功，"iPhone是个很好的产品，我们要学习的仍旧很多"。她表示，HTC是个年轻的公司，需要时间去向用户宣传自己的品牌理念及产品，并学习竞争对手的销售策略。厚积薄发，这是她对于去年年末到现今HTC市场举措的简单概括。然而随着四月份One系列以及专门面向中国用户的"龙系列"上市，HTC将在国内面临新一轮爆发式增长。

"HTC可以通过Image Sense以及Beats音效提供给用户体现自我和'炫耀'个性的机会，也是与iPhone的区别所在。"

针对内地销售渠道的薄弱，中国区总裁任伟光认为HTC正在努力改变，除了在零售、运营商的传统渠道，也加了电子商务的比重，与京东商城合作日渐密切。

谈到最新发布的One系列智能手机，王雪红认为其拍照体验是要优于iPhone4的。手机区别于平板和笔记本电脑，拥有高便携性的特点，拍照及时分享是当今社交时代的必需。而她看来，未来是智能手机、平板电脑以及智能电视融合的时代。

　　面对与苹果的专利之争，王雪红看的很淡："此前闹得沸沸扬扬，但现在我们不是还好好的吗？"她认为获取专利用途有两种，一种是用于创新提升自己，第二种则是阻击对手，"HTC是前者，不进则退。"王雪红如是说。

传奇
王雪红

附 录

相对于那些普通的奋斗者，那些站在金子打造的垫脚石上的富家子女往往更容易吸引人的眼球。他们的一举一动、一言一行，他们做出的每一点成绩，取得的每一点进步，都是大众和媒体关注的焦点。

今天我们选择的王雪红，虽出生锦衣玉食之家，却不以此为荣，依靠自己的力量和智慧摆脱父荫，在自己的领域书写了辉煌篇章。

我们不敢说，王雪红在追求事业的过程中，没有沾到父亲身上的一点光环。王雪红也曾说："我父亲做事的眼光和格局都是我蛮钦佩的，我以是他的女儿为荣，他给的无形资产让我受用终生。"

可以说，富豪爸爸代表的不只是钱，更是一种资源，他们给子女提供了一个更高的平台，更优越的发展环境。但是，富豪子女的成功不单单是因为有一个富爸爸，他们本身的能力和智慧也是不容忽视的。

在竞争激烈的科技世界里，王雪红凭借自己的能力闯出了属于她自己的王国。她用500万新台币创立的威盛电子，被世界半导体界称之为"小巨人"，因公然挑战英特尔而名声大噪。

如今，威盛电子已位居全球三大芯片厂商之列，与英特尔、AMD分庭抗礼。而她在1997年创办的宏达电子（HTC）已成为全球最大的智能手机厂商，代工谷歌手机等知名产品，2006年6月，公司还发展了自己的HTC品牌。

从芯片设计到终端制造，包括在台湾上市的威盛电子和宏达电子，根据中华征信所的资料显示，王雪红威盛集团下的企业多达33家，若加上宏达、建大、全达，营业收入超过650亿元，其中有3家上市公司，王雪红担任董事长的有16家企业，而这些都还不包括王雪红个人名义的投资。威盛集团目前下辖的30多家企业也将分支触角延伸至亚、欧、美、大洋洲等地区的10余个国家。她也因此成为台湾女首富。这位罕见的女创业家、投资家，在华人世界里几乎无人能出其右，即便在美国，科技产业内也罕见事业具有一定规模的女企业家。

可以肯定，第一代华人富豪是空手打天下，完全是凭着他们超人的智慧和意志为自己换来了亿万财富。而作为他们的子女，如王雪红，颠覆了人们对传统富二代的看法，她对信念的执着、对机遇的把握、对决策的果断、对创造的激情……都是值得人们学习的地方。

世界上任何一个人的成功都不是偶然的，在鲜花与掌声的背后，有着许多鲜为人知的拼搏故事……

青出于蓝而胜于蓝，这正是王雪红身上最耀眼的光芒。她的身上，闪烁着人性最大的光辉。她，是华人的骄傲！

沧海横流，方显英雄本色。王雪红背负父辈荣耀攀登事业的巅峰，欣赏到旖旎风光，但是她的脚步并没有停下，而是寻找着下一个人生的巅峰。未来的路，对她来说，还有很长……

附录1：王雪红人物档案

1958年出生于台湾。

1981年毕业于加州柏克莱大学获经济硕士。

1982年进入大众计算机PC事业部，任大众电脑PC事业部总经理。

1992年用母亲送的房子做抵押，从银行拿到500万新台币贷款创办威盛电子。5年后，威盛发展成为仅次于英特尔的全球第二大芯片组供应商。

1997年创立宏达，并从一开始便将宏达定位于高端的智能手机以及PDA等新兴产业，尽管一度亏损高达10亿元新台币，但王雪红依然坚持投入巨资改善产品的设计和功能。

2004年，宏达电子的销售额达到16亿美元，增长率达到67%，利润达到1.23亿美元。

2005年，王雪红被《美国商业周刊》（Business Week）评选为2005年度"亚洲之星"，同年入选《华尔街日报》。2005年度"最有影响力的亚洲女主管"排行榜前十位。

2006年，以26亿美元身家跻身全球第265名富豪。

2011年5月27日，《福布斯》公布了2011年台湾40富豪榜，宏达电（HTC）董事长王雪红和陈文琦夫妇以88亿美元的净资产居首，击败

2010年的首富鸿海集团董事长郭台铭。

2011年8月24日，美国财经杂志《福布斯》公布了全球最具影响力的100名女性名单，台湾首富、宏达电（HTC）创办人兼董事长王雪红排名第20位。

2011年12月12日，王雪红获得2011年CCTV中国经济年度人物称号。

附录2：王雪红经典语录

1．我从来不看市值。当然，有人跟我讲，我们超过了诺基亚和 RIM（黑莓手机制造商）。我觉得重点不是这个，重点是怎么保持企业在新发展的领域，例如智能手机和平板电脑等怎么在移动互联网整个架构上保持领先；怎么去贴近消费者，了解消费者和满足消费者。这些才是最重要的。

2．一个公司如果在创新性、执行力和人才方面都比较注重的话，在智能手机市场刚开始发展的阶段，成长性在未来几年都会非常高。我们现在在美国的Smart Phone（智能手机）的份额，大概跟苹果差不多。

3．科技公司尤其是中国的公司，更应该注重知识产权，这是创新型科技公司的基本要素。科技公司之间的专利纠纷是难免的，因为这是行业的基础建设，跨国公司尤其是美国公司经常用专利作为压制对方或者挑战对手的手法。

4．我每天所做的事情，就是了解他们，挑战他们。更重要的，能够让他们觉得没有后顾之忧。

5．我选择一个CEO时，总是好奇，他到底是不是跟我同样努力？我会从头到尾鞭策他、向他灌输这种理念。

6．我每天长跑，定期打网球，下一个梦想是要成为90岁的网球世界冠军！

7．我总是想聘请能够教我一些东西的人。如果他们能以一种简单的方式教我，不光我会理解这个问题，他们也能做得更好。

8．我如何发现他们的天赋，让他们获得成功？跟他们交谈，他们感到你喜欢他们、你的确每天都在为他们着想。

9．我的母亲是我一生中最重要、也影响我最深的人，虽然母亲已经暂时与我们分离，但是我知道她现在天上与主同在，好得无比。

10．如果上课时，每个人都像天才，而你只是喜欢弹钢琴，那你只能面对现实，及早意识到自己……不具备的，专注于自己拥有的，这很重要，这一直是我的态度。

11．困难是一个人成熟的机会。一个人要成功，就得选最困难的事情去做。

12．父亲最常告诉我的两句话就是：要怎样做人处世，要怎样追根究底。勤能补拙，不懂的事要去追根究底，改变错误的空间就比较大，要有这个耐心。

13．我是一个不太喜欢被人家管的人。我很感谢在大众学到很多东西，我也觉得自己可以做些事情。

14．我亲自打理的公司不过数家，更多时候是放权给公司的高层管理者，他们能把这些公司带到"迦南"。因为我选择人才有一个标准，就是选比我能干、优秀的人。

15．懒惰的人会很苦，你如果再睡的话，你的粮仓就要被别人抢光了。

附
录